_____ 학교 ____ 학년____반 _____ 의 책이에요.

'체험학습'이란 책에서니 수업 시간에 배운 지식을 실제 현장에서 직접 경험해 보는 공부 방법이에요. 단순히 전시된 물건을 관람하거나 공연을 보는 것이 아니라 학습을 하기 전에 미리 필요한 정보를 조사하는 것까지를 포함한 모든 활동을 의미해요. 어떻게 공부할 것인지를 준비하면 그렇지 않은 경우보다 훨씬 더 많은 것을 보고 느끼게 되겠지요. 이 책은 체험학습을 하려는 어린이들에게 좋은 길잡이 역할을 할 거예요.

❶ 가기 전에 읽어 보세요

이 책은 체험학습 현장을 어린이들이 쉽게 이해할 수 있도록 풀이한 안내서예요. 어린이들이 직접 체험학습 현장을 찾아가는 데 필요한 정보가 들어 있어요. 체험학습 현장을 가기 전에 꼼꼼히 읽어 보세요.

❷ 현장에서 비교해 보세요

강화도와 관련된 흥미진진한 역사 이야기를 현장 사진과 함께 풀어 놓았어요. 책에서 본 것들을 현장에서 직접 확인해 보면 잘 이해가 되지 않았던 것들이 자연스럽게 이해될 거예요.

❸ 스스로 활동해 보세요

이 시리즈는 단지 지식을 전달하기 위한 교양서가 아니에요. 어린이 여러분이 교과서로 수업 시간에 배운 내용을 실제 현장에서 직접 체험하며 익힐 수 있도록 다양한 활동 내용을 담았지요. 책 중간이나 뒷부분에 이해를 돕기 위한 활동이 있으니 꼭 스스로 정리해 보세요.

❹ 견학 후 활동이 다양해요

체험학습 후에는 반드시 견학 후 여러 가지 활동을 해 보세요. 보고서 쓰기, 신문 만들기, 그림 그리기 등을 통해 체험학습에서 보고 들은 내용을 다시 한번 정리하면 알찬 체험학습이 될 거예요.

신나는 교과 체험학습 47

역사가 살아 있는 야외 박물관 강화도

초판 1쇄 발행 | 2007. 11. 5.
개정 3판 4쇄 발행 | 2023. 11. 10.

글 이동미 | 그림 우연이 | 감수 이이화

발행처 김영사 | **발행인** 고세규
등록번호 제 406−2003−036호 | **등록일자** 1979. 5. 17.
주소 경기도 파주시 문발로 197(우10881)
전화 마케팅부 031−955−3100 | 편집부 031−955−3113~20 | 팩스 031−955−3111
사진 이동미 윤형구 강화군청 강화문화원

값은 표지에 있습니다.
ISBN 978-89-349-9661-3 64000
ISBN 978-89-349-8306-4 (세트)

좋은 독자가 좋은 책을 만듭니다. 김영사는 독자 여러분의 의견에 항상 귀 기울이고 있습니다.
전자우편 book@gimmyoung.com | 홈페이지 www.gimmyoungjr.com

어린이제품 안전특별법에 의한 표시사항

제품명 도서 제조년월일 2023년 11월 10일 제조사명 김영사 주소 10881 경기도 파주시 문발로 197
전화번호 031-955-3100 제조국명 대한민국 ⚠주의 책 모서리에 찍히거나 책장에 베이지 않게 조심하세요.

역사가 살아 있는 야외 박물관

강화도

글 이동미 그림 우연이 감수 이이화

주니어김영사

차례

강화도에 가기 전에

강화도는 우리나라 전 시대의 역사를 한꺼번에 볼 수 있는
아주 특별한 곳입니다.
강화도에는 이 땅에 사람들이 살기 시작했음을 알리는
선사 시대의 유적뿐만 아니라 삼국 시대와 고려 시대,
조선 시대를 거쳐 오늘날에 이르기까지 이어져 내려오는
각 시대의 역사 흔적을 그대로 간직하고 있어요.
그래서 사람들은 강화도를 '살아 있는 역사 박물관'이라고
부르지요.
어린이 여러분, 이제부터 우리나라 각 시대의 역사와 문화,
생활 모습을 그려 볼 수 있는 강화도로 역사 여행을 떠나 보아요.

자~
다 함께 출발!

미리 준비하세요

1. 준비물 필기도구,
사진기, 강화행 버스 시간표,
교통비, 《강화도》 책

강화도로 가는 방법

승용차　강화읍, 교동도 쪽으로 가려면 서울에서 김포를 지나 강
화대교를 건너요. 강화도 남단이나 외포리, 석모도로 가
거나 인천 방면에서 출발할 때는 초지대교를 건너서 가
는 것이 빨라요.

일일 투어 버스　서울 출발, 경기 출발로 나뉘어진 일일 투어 버스 노선
을 찾아보세요.

한눈에 보는 강화도

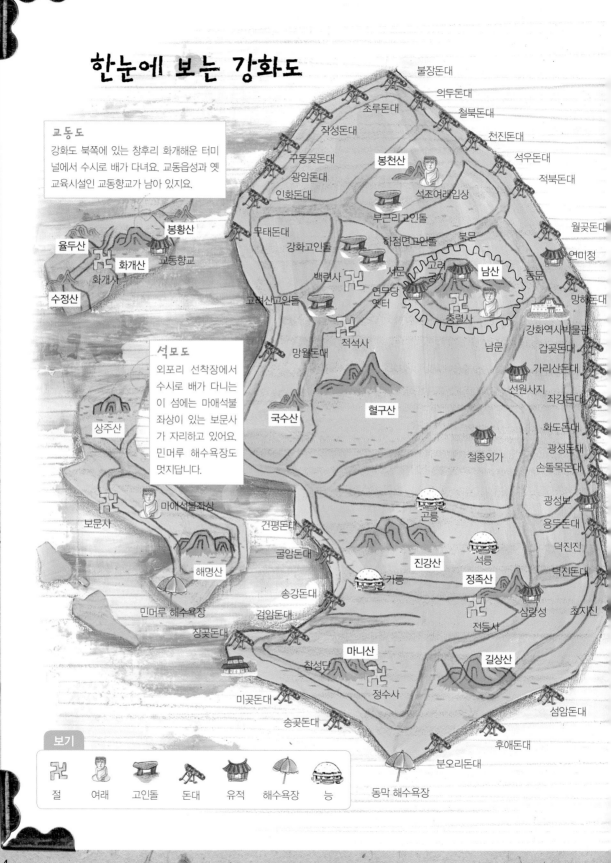

교동도
강화도 북쪽에 있는 창후리 화개해운 터미널에서 수시로 배가 다녀요. 교동읍성과 옛 교육시설인 교동향교가 남아 있지요.

석모도
외포리 선착장에서 수시로 배가 다니는 이 섬에는 마애석불좌상이 있는 보문사가 자리하고 있어요. 민머루 해수욕장도 멋지답니다.

불장돈대
의두돈대
철북돈대
천진돈대
석우돈대
적북돈대
조루돈대
작성돈대
구동곶돈대
광암돈대
인화돈대
봉천산
석조여래입상
부근리고인돌
월곶돈대
연미정
무태돈대
강화고인돌
하점면고인돌
북문
고려궁지
남산
동문
봉황산
율두산
화개산
교동향교
서문
망해돈대
화개사
백련사
연무당 터
충렬사
강화역사박물관
수정산
고려산고인돌
남문
갑곶돈대
가리산돈대
선원사지
좌강돈대
적석사
망월돈대
상주산
혈구산
화도돈대
광성돈대
손돌목돈대
국수산
철종외가
광성보
용두돈대
마애석불좌상
보문사
곤릉
덕진진
건평돈대
굴암돈대
진강산
석릉
덕진돈대
해명산
가릉
정족산
초지진
송강돈대
삼랑성
민머루 해수욕장
검암돈대
전등사
장곶돈대
마니산
길상산
참성단
정수사
미곶돈대
송곶돈대
섬암돈대
분오리돈대
후애돈대
동막 해수욕장

보기

| 절 | 여래 | 고인돌 | 돈대 | 유적 | 해수욕장 | 능 |

1. 단군 할아버지 만나러 가기

코스 : 강화역사박물관 … 삼랑성 … 마니산 참성단

이 코스는 우리 민족의 뿌리를 찾아가는 의미 있는 길이에요. 우리나라를 세운 단군의 유적을 돌아볼 수 있거든요. 단군의 자취를 삼랑성에서 느껴 보고, 마니산에 올라 하늘에 제사 지냈다는 참성단도 가 보아요. 마니산은 왕복 2시간 정도 걸리지만 위험하지 않아 누구나 오를 수 있는 산이랍니다.

2. 철종 임금 되어 보기

코스 : 용흥궁 … 강화산성 남문 … 철종외가 … 갑곶 나루터

강화 도령으로 불리던 철종은 조선 제25대 왕이에요. 임금이 되기 전에 강화에서 가난한 나무꾼으로 살다가 열아홉 살 때 임금이 되었지요. 강화 도령이 살던 집 용흥궁이 강화 읍내에 있어요. 철종외가는 선원면 냉정리에 있는 것으로 지방문화재 제8호랍니다. 임금이 된 철종은 강화산성 남문을 지나 갑곶 나루에서 배를 타고 한양으로 갔답니다.

3. 해안을 따라 전적지 돌아보기

코스 : 강화역사박물관 … 광성보 … 덕진진 … 초지진

강화역사박물관에서 해안 순환 도로를 타고 내려가면 바로 광성보, 덕진진, 초지진이 나와요. 이 길에는 걸어서 다니기 좋은 역사 탐방로가 있어요. 답사를 나서기 전에 강화역사박물관에 들러 병인양요, 신미양요, 운요호 사건에 대해서 미리 알아 두면 많은 도움이 된답니다.

4. 강화산성 따라 돌기

코스 : 강화산성 남문 … 남산 약수터 …
연무당 옛터 … 석수문 … 서문 … 북문 …
오읍 약수터 … 고려궁지 … 김상용선생 순절비 …
용흥궁 … 토산품 판매장 … 풍물 시장

장소가 여러 곳이지만 모두 걸어서 돌아볼 수 있을 정도로 가까운 거리에 있어요. 강화산성은 고려 고종이 1232년에 강화로 도읍을 옮긴 뒤, 몽골의 침입에 대비해 흙으로 쌓았다가 나중에 다시 돌로 쌓은 것이에요. 활쏘기를 갈고 닦았던 연무당 옛터도 보고 토산품점에서 강화의 특산물도 구경하세요.

● 코스 정하기
강화도는 넓기도 하고, 이곳 저곳에 둘러볼 유적지가 많아 미리 코스를 정해야 알찬 체험학습이 될 수 있어요.
● 투어 정하기
하루에 강화도를 다 구경하고 싶다면 버스나 택시를 이용해 가 보고 싶은 곳만 골라 보는 재미를 누릴 수 있어요.
● 강화역사박물관 방문하기
강화역사박물관부터 들르면 강화에 대한 모든 것을 한눈에 살펴볼 수 있어요.

한라산과 백두산의 중심, 강화도

강화도는 서울의 서쪽에 위치한 우리나라에서 네 번째로 큰 섬이에요. 한반도를 앞발을 들고 크게 울부짖는 호랑이에 비유한다면 강화도는 호랑이의 가장 가운데 위치해요. 한반도의 심장과 같은 역할을 하는 곳이기도 해요. 백두산과 한라산을 이었을 때 한가운데 위치한 마니산이 강화도에 있고, 이곳에서 우리나라를 처음 세운 단군이 하늘에 제사를 지냈다고 전해지거든요.

행정 구역상으로는 경기만에 있어요. 북쪽으로는 한강과 예성강 하구를 사이에 두고 북한의 황해도의 개풍군·연백군과 마주하며, 동쪽으로는 염하를 끼고 김포 반도와 마주 보고 있지요. 서쪽으로는 중국의 황해와 만나요.

강화도는 예로부터 하늘이 내려준 요새였어요. 바다 한가운데 떠 있는 섬인데다가, 적군이 배를 타고 쳐들어와도 서

● 서울

강화도

강화도 역사를 한눈에

선사 시대
강화도에서는 돌칼, 돌도끼, 돌화살촉과 같은 신석기 시대 유물들이 많이 출토되었어요. 청동기 시대 유물인 고인돌도 150기나 발견되었지요.

전등사 대웅보전

삼국 시대
강화도는 삼국 시대 때부터 신라·백제·고구려의 요충지로 자리를 잡아 왔어요. 삼국 시대의 유명한 유적으로는 고구려 소수림왕 때 세워진 전등사가 있어요.

팔만대장경

고려 시대
고려 초인 940년(태조 23)에 강화현이 되었다가, 1232년(고종 19) 7월에는 고려의 수도가 되었어요. 이 시기의 유물로는 금속 활자와 대장경판 등이 있어요.

쪽과 남쪽에 갯벌이 많아 배가 닿기 힘들고, 북쪽은 한강과 예성강이 흘러내려 물길을 파악하기 어려웠지요. 그러다 보니 적군이 함부로 쳐들어왔다가는 바다에 빠져 물고기 밥이 되기 십상이었어요. 이런 지형적인 특징 때문에 고려 시대에는 개경(지금의 개성)에 있던 고종 임금이 몽골의 침입을 받자 예성강 하구를 지나 강화도로 피난을 왔어요. 또, 조선 시대에는 한양에 있던 인조 임금이 왜적의 침입을 받아 한강 하구를 지나 강화도로 피난을 오기도 했지요.

그러면 강화도의 크기는 얼마나 될까요? 강화도는 남북으로 28킬로미터, 동서로 16킬로미터이고 해안선은 247킬로미터예요. 본섬인 강화도와 주변에 위치한 교동도, 석모도 등 사람이 살고 있는 섬 9개, 무인도 18개로 이루어져 있어요. 섬이라 바람은 강한 편이며 기후는 우리나라 중부 지방과 비슷해요.

조선 시대

조선 시대에 강화도는 한양을 지키는 군사 위성 도시였어요. 1627년 정묘호란 때에는 인조가 강화도로 피난을 왔고, 1636년 병자호란 때에는 왕비와 왕자들이 강화도로 피난을 왔지요.

개화기

19세기에 들어서면서 강화도는 서구 열강의 침입을 받았어요. 한강을 따라 서울로 향하는 길목에 위치해 있기 때문이지요. 병인양요, 신미양요, 운요호 사건 등이 일어났어요.

현재

강화도는 오랜 역사와 문화를 자랑해요. 또한 자연환경이 빼어나 이곳을 찾는 사람들의 발길이 끊이지 않지요. 강화도 여행은 우리 문화 유산을 찾아가는 멋진 기행이 될 거예요.

선사 시대의 강화도

강화도에는 언제부터 사람이 살았나요?

강화도에 사람이 살기 시작한 것은 약 2만 년 전부터였어요. 이 시기는 구석기 시대가 거의 끝나 갈 무렵에 해당하지요. 이 때는 사람들이 돌을 깨서 돌칼과 돌도끼 등의 도구를 만들고, 돌을 갈아 도끼나 화살촉을 만들어 썼어요.

강화도 동쪽에 있는 동막리는 강화도뿐만 아니라 우리나라 서해안에서도 가장 먼저 알려진 신석기 시대 유적지예요. 신석기 시대의 대표적인 유물인 빗살무늬 토기가 출토되었거든요. 그런데 청동기 시대의 것으로 보이는 민무늬 토기도 많이 출토되어 신석기 시대에 이어 청동기 시대에도 이곳에 사람이 살았음을 짐작하게 하지요.

이 밖에도 강화도 북쪽의 하점면 삼거리 소동 부락에서 고인돌 무덤을 발굴할 때도 빗살무늬 토기가 발견되었고, 양도면 도장리, 화도면 사기리, 하점면 부근리, 초지진 등에서도 신석기 시대 유물이 발견되었어요. 이런 사실은 강화도가 먼 옛날부터 생활하기에 알맞아 사람이 전 지역에 넓게 퍼져 살았음을 말해 주는 것이랍니다.

공기가 맑아!

엄청 크구나!

어마어마한 돌로 만든 고인돌

강화도에는 고인돌이 무척 많아요. 강화도 북쪽에 있는 고려산 기슭에 가면 수많은 고인돌을 볼 수 있어요. 그런데 고인돌은 과연 무엇일까요? 바로 청동기 시대에 부족의 대장인 부족장이 죽으면 묻었던 돌무덤이랍니다.

지금으로부터 약 5천 년 전부터 사람들이 농사를 짓고 이어 청동으로 된 물건을 만들어 사용하면서 점차 사유재산에 차이가 생겨났어요. 그러다 보니 재산이 많은 사람을 중심으로 힘이 모아지고, 부족도 생겨났어요. 이때 부족의 힘 있는 사람이나 부족장이 죽으면 그 무덤인 고인돌을 만들어 부족의 힘을 과시했어요. 돌무덤이 크고 무거울수록

사유재산
개인이 가진 재산의 정도를 말해요.

선사 시대 무덤, 강화 고인돌

우리나라 청동기 시대의 대표적 유물인 고인돌은 전국에 널리 퍼져 있어요. 특히 황해도와 전라도에 가장 많이 있으며 한 곳에 수백 기의 고인돌이 무리를 이루어 자리해 있는 경우도 있답니다. 강화도 하점면 부근리에 있는 강화지석묘는 굄돌의 높이가 2.6미터이고 덮개돌은 길이 7.1미터, 너비 5.5미터, 두께 1.2미터로 무게가 무려 50톤에 달해요. 현재 사적 제137호로 지정되어 있지요.

덮개돌
굄돌 위에 얹은 돌이에요. 무게 중심을 잘 맞춰야 해요. 통나무를 이용해 옮겼을 것으로 추정돼요.

굄돌
덮개돌을 받쳐 주는 역할을 해요.

굄돌에서 고인돌이라는 이름이 나왔지.

눈 덮인 고인돌
덮개돌의 무게는 50톤이나 되지요. 대표적인 북방식 고인돌이랍니다.

강화도 고인돌 축제
축제에서는 선사 시대 사람들이 고인돌을 만들기 위해 돌을 날랐던 모습을 재현하지요.

그 부족의 세력이 컸지요.

고인돌은 대개 평평한 땅에 굄돌을 놓고 그 위에 뚜껑 구실을 하는 넓은 덮개돌을 올려 놓은 모습이에요. 이 굄돌에서 고인돌이라는 이름이 나왔지요. 강화도에는 이러한 고인돌이 무려 150기(고인돌을 세는 단위는 '기' 랍니다.)나 있어요.

고인돌은 무게가 수십 톤에 이르는 거대한 것부터 자그마한 것까지 여러 종류가 있고, 생김새에 따라 북방식과 남방식, 개석식으로 나뉘어요. 다른 말로 탁자식·바둑판식·구덩이식으로 구별하기도 해요.

고인돌은 어떻게 만들었을까요?

강화도 하점면 부근리에 있는 고인돌은 가장 잘 생긴 북방식 고인돌로 '미스 고인돌'이라 불리며 사랑을 받고 있어요. 무게도 50톤이나 될 정도로 엄청나지요.

고인돌의 종류

북방식(탁자식) 고인돌

서너 개의 평평한 굄돌 위에 잘 다듬어진 덮개돌을 올려 탁자 모양으로 만든 것이에요. 우리나라의 한강 이북 지역에 널리 퍼져 있어요.

남방식(바둑판식) 고인돌

우리나라 남쪽 지방에 많아요. 땅 밑에 무덤 방을 만들고, 그 위를 뚜껑돌로 덮은 다음 다시 4~8개의 받침돌을 놓아요. 그러고 나서 큰 덮개돌로 덮어서 만든 것이지요. 다리가 짧은 바둑판을 닮았어요.

개석식(구덩이식) 고인돌

덮개돌만으로 무덤 방을 직접 덮은 모양이에요. 땅 위로 커다란 덮개돌만 덩그러니 나와 있어 언뜻 보면 그냥 커다란 바윗덩이 같기도 하지요.

여기서 잠깐!

고인돌의 생김새를 잘 살펴보아요.

다음 그림은 고인돌의 생김새에 따라 설명한 것이에요.
어떤 고인돌을 설명한 것인지 잘 읽고 괄호 안에 고인돌의 이름을 써 넣으세요.

(   ) 고인돌

도움말 우리나라 남부 지역에 널리 퍼져 있는 고인돌이에요. 땅 밑에 무덤 방을 만들어 그 위를 돌로 덮은 다음, 다시 받침돌을 세우고 큰 덮개돌로 덮어 만들어 놓았어요. 바둑판을 닮아 바둑판식 고인돌이라고도 불려요.

☞ 정답은 112쪽에

부근리 고인돌이 있는 고인돌 공원에는 다양한 돌이 있어요. 선사 시대 사람들처럼 이 돌을 이용해 미니 고인돌을 만들어 보세요.

그런데 잠깐, 고인돌의 덮개돌 무게가 50톤이라고요? 50톤이라면 공룡이나 탱크와 맞먹는 무게인데, 과학이 발달하지 않았던 그 옛날에 굴착기와 같은 중장비도 없이 50톤이나 되는 돌을 어떻게 옮기고 들어 올렸을까 생각하면 너무나 놀라워요.

50톤의 돌을 들어 올리는 데 몇 명이 필요할까?

오늘날에도 50톤 무게의 돌을 옮기려면 5톤짜리 커다란 화물트럭이 10대나 필요해요. 그러니 이런 큰 돌을 기계의 도움 없이 움직여 고인돌로 만들었다는 것이 놀라울 뿐이에요. 그러면 고인돌을 만드는 데 몇 사람이나 필요했을까요?

고인돌을 만드는 데 동원된 사람 수를 알아 보려면 먼저 돌 1톤을 드는 데 몇 사람이 필요한지 알아야겠지요. 보통 돌 1톤을 들어 올리려면 어른 남자 8~10명 정도가 필요해요. 그렇다면 50톤의 덮개돌을 올리는 데에는 500명의 사람이 필요하겠지요?

 ## 고인돌 만드는 과정

선사 시대 사람들은 자연적으로 생기거나 일부러 파 놓은 돌 틈에 마른 나무 쐐기를 끼워 넣고 계속해서 물을 부었어요. 그러면 나무 쐐기에 물이 스며들어 불어나면서 돌의 틈이 벌어져 자연스럽게 돌이 쪼개졌지요. 돌을 쪼갰다면 이제 돌을 고인돌을 만들려는 곳으로 옮겨야겠죠. 영화에서 보듯 돌 밑에 커다란 통나무를 깔고 그 위에 돌을 얹은 후 밧줄을 이용해 옮겼을 것이라고 추측돼요.

그러고는 평지를 깊이 파고 먼저 굄돌을 세운 후 이 위에 흙을 덮어 굄돌 꼭대기까지 흙으로 경사를 만든 후 이 위로 통나무와 밧줄을 이용해 덮개돌을 나르는 것이에요. 그 다음에는 덮개돌을 올린 후 다시 흙을 파내고 나면 드디어 고인돌이 완성되지요.

1. 땅을 깊이 파서 굄돌을 세워요.

고인돌을 만드는 데 참여했던 사람 수를 따져 보면 그 부족의 인구가 몇 명이나 되었는지도 가늠해 볼 수 있어요. 고인돌을 나르는 데 참여했던 사람을 한 가정의 가장으로 생각하고, 각 가정을 4인 가족으로 치면 부족의 인구가 2천 명(500명×4명=2000명)으로 나오지요. 6명을 한 가족으로 계산한다면 3천 명(500명×6명=3000명)이 된답니다.

여기서 잠깐!

고인돌을 만들어 보아요.

강화도에는 고인돌 공원이 있어요. 이곳에서는 고인돌을 직접 만들어 볼 수 있답니다. 다음의 설명을 읽고 순서대로 나열해 보세요.

보기

1. 적당한 크기의 돌을 고르거나 큰 돌을 쪼개어 적당한 크기로 만들어요.
2. 통나무와 밧줄을 이용해 덮개돌을 날라요.
3. 무게 중심을 잘 맞춰 굄돌 위에 덮개돌을 얹어요.
4. 평평한 땅에 굄돌을 세운 다음 흙을 덮어 경사로를 만들어요.
5. 쌓았던 흙을 다시 파내요.

고인돌 만드는 순서 : (　　) → (　　) → (　　) → (　　) → (　　)

☞ 정답은 112쪽에

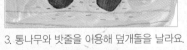

2. 굄돌 위에 흙을 덮어 경사로를 만들어요.　3. 통나무와 밧줄을 이용해 덮개돌을 날라요.　4. 고인돌 주변에 쌓여 있던 흙을 파내요.

우리나라는 고인돌 천국

전 세계에서 발견된 고인돌은 6만~7만 기 정도 돼요. 그런데 그중 우리나라에만 3만 기 정도가 있어요. 정말 엄청난 숫자지요. 이렇게 우리나라에는 전 세계 고인돌의 40퍼센트 정도가 모여 있어 '고인돌 천국'이라고 한답니다. 강화도에는 150기 정도가 있어요.

고인돌 안에서는 그 당시 살던 사람들이 쓰던 돌칼, 토기, 돌화살 촉이나 청동검 등이 발견되었어요. 또 별자리 모양의 그림도 나왔어요. 이렇듯 고인돌은 그때 사람들이 어떻게 생활했는지 알려 주는 중요한 자료이지요.

빗살무늬 토기와 쌍날찍개
붉은 찰흙으로 빚어 겉에 빗살 같은 줄을 그은 빗살무늬 토기와 자갈돌의 양쪽 면을 떼어 내어 날을 세운 쌍날찍개 등의 생활도구들을 고인돌 안에 같이 묻기도 했어요.

세계문화유산으로 지정된 고인돌

전 인류가 공동으로 보존하여 후손에게 전해야 할 중요한 문화와 자연을 유네스코에서 '세계유산'으로 정해요. 강화 고인돌은 고창과 화순에 있는 고인돌과 더불어 2000년 11월 29일 호주 케언스에서 열린 제24차 유네스코 세계유산위원회 총회에서 세계문화유산으로 등재되었어요.

세계문화유산으로 지정된 우리나라의 고인돌 유적

강화도 외에 전라북도 고창군과 전라남도 화순군에서도 고인돌이 많이 발견되었어요. 그 외에도 강원도 고성과 충청도, 제주도 등지에서도 고인돌이 발견되고 있답니다.

강화 고인돌 유적
고려산 기슭을 따라 북방식 고인돌이 늘어서 있어요.

고창 고인돌 유적
전라북도 고창군 일대에 442기의 고인돌이 있어요. 탁자식, 바둑판식, 개석식 고인돌을 모두 볼 수 있지요.

화순 고인돌 유적
전라남도 화순군 일대에 500여 기가 있어요. 고인돌 만드는 과정이 잘 드러난 채석장도 발견되었어요.

부모가 자식에게 유산을 남기면 소중히 관리해야 하듯 조상들이 남겨 준 문화유산 중 '인류가 보전해야 할 중요한 문화유산'으로 지정된 것이니 소중히 간직해야겠지요.

고창 고인돌 유적은 전라북도 고창군 죽림리와 도산리에 있는데, 우리나라에서 가장 큰 고인돌 무리로 10톤에서 300톤까지 나가는 거대한 고인돌을 볼 수 있어요. 화순 고인돌 유적은 최근에 발견되어 그 모양과 상태가 매우 좋아요.

강화 고인돌 유적은 강화군 부근리, 삼거리, 오상리 등 대부분 고려산 기슭에 자리하고 있어요. 다른 지역의 고인돌보다 해발 100미터에서 200미터 정도 높은 곳에 있지요. 특히 부근리 고인돌은 우리나라에서 가장 웅장하고 큰 북방식 고인돌이랍니다.

우리나라의 세계문화유산은?

우리나라에도 '세계문화유산'이 많이 있어요. 조선 시대 궁궐로서 주변의 자연과 잘 어우러진 창덕궁, 우리나라 성곽의 꽃으로 불리는 수원 화성, 뛰어난 건축 기술을 보여 준 석굴암, 불교 교리에 따라 지은 불국사, 정교한 인쇄술과 보존 관리의 우수성을 보여 주는 팔만대장경판과 판전, 조선의 신전이라고 할 수 있는 종묘, 신라 천 년의 역사가 깃든 경주역사유적지구 등이지요. 이 밖에도 제주 화산섬과 용암 동굴은 2007년 6월에 '세계자연유산'으로 등록되었어요.

여기서 **잠깐!**

틀린 말을 한 친구를 찾아보세요.

친구들이 고인돌에 대해 이야기를 나누고 있어요. 어떤 친구가 한 말이 틀렸을까요? (　　　)

① 부족의 힘을 과시하기 위해서 만들었어.

② 고인돌 안에서 돌칼, 토기, 돌화살촉 등이 발견되었어.

③ 고인돌이 작고 가벼울수록 부족의 힘이 세.

④ 선조들의 생활을 알 수 있지.

☞ 정답은 112쪽에

15

작은걸음
큰 생각

풀리지 않는 수수께끼, 세계 거석 문화

고인돌과 같이 커다란 돌을 이용해 무엇인가 만들고 받드는 것을 '거석 문화'라고 하지요. 다른 나라에도 이런 거석 문화 유적들이 많이 있어요. 영국의 스톤헨지, 이스터 섬의 모아이, 이집트의 피라미드와 스핑크스, 마야의 티칼, 잉카의 쿠스코와 마추픽추, 프랑스의 열석 등 이에요. 이런 유적들은 모두 당시의 도구와 기술로 거대한 돌을 어떻게 옮겼을지 도저히 짐작이 안 될 정도로 규모와 무게가 엄청나지요.

영국 스톤헨지
영국 남부 솔즈베리 평야에 있는 커다란 돌 구조물이에요. 이 구조물이 어떤 역할을 했는지는 아직 밝혀지지 않았어요. 작은 돌이 25톤, 큰 것은 50톤 정도 되지요. 이러한 돌들을 가져다가 동그랗게 세우고 그 안에 또 돌을 세웠어요. 스톤헨지는 고대 영어로 '공중에 걸쳐 있는 돌'이라는 뜻이에요. 1986년 세계문화유산으로 등재되었어요.

영국 스톤헨지

우리나라

이집트 스핑크스와 피라미드
이집트의 모래 사막 한복판에 서 있는 스핑크스는 인간의 머리에 사자의 몸을 하고 있답니다. 높이가 20미터, 길이가 73미터, 머리 폭이 4미터로 어마어마하지요. 피라미드는 2.5톤 무게의 돌을 230만 개나 높이 쌓아올린 거대한 구조물이에요. 세계 7대 불가사의 중 하나라고도 불리는 피라미드는 모두 기원전 2~3세기의 제4왕조 때 만들어진 것으로 가장 큰 것은 높이만 무려 148미터에 이를 정도예요.

이집트 스핑크스와 피라미드

야호, 제일 높이 올라왔어!

어떻게 쌓았는지 정말 수수께끼야!

유적지를 훼손하면 안 돼!

그러나 분명한 것은 이러한 문화가 사람들의 필요에 의해 만들어졌다는 거예요. 거석 유적들은 부족장이나 권력이 강한 사람들의 무덤으로 사용되거나 하늘에 제사를 지낼 때 사용되었어요. 또한 부족장이나 권력이 강한 사람들이 무리에 속한 구성원들을 결속시키려는 의도로 만들기도 했지요. 하지만 이런 이야기들은 모두 현대 사람들이 추측하는 것일 뿐이고, 아직 정확한 이유는 밝혀지지 않았답니다. 또한 어떤 방법으로 만들었는지에 대한 사실도 수수께끼로 남아 있어요.

페루 마추픽추

페루에 있는 잉카 유적이에요. 해발 2,280미터 정상에 있는 도시로, 200톤이 넘는 거석과 정교한 다면체로 세워진 태양의 신전 등이 있어요. 산자락에서는 그 모습을 볼 수 없어 '공중 도시'라고도 불려요. 이 산꼭대기까지 어떻게 돌을 날랐는지는 오늘날까지 여전히 수수께끼로 남아 있지요.

페루
마추픽추

칠레
이스터 섬 모아이

칠레 이스터 섬 모아이

이스터 섬은 남태평양 폴리네시아의 동쪽 끝에 있는 조그마한 화산섬으로 이 섬에는 '모아이'라고 불리는 석상들이 여기저기 서 있어요. 지금까지 약 1천 개 정도 발견되었는데, 키가 3~4.5미터에 달하고 무게가 20톤쯤 되는 것이 많아요. 그중에서 가장 큰 것은 무게가 90톤에 키가 10미터나 되지요. 대부분 서기 400~1680년 사이에 만들어졌고 11세기에도 많이 만들어진 것으로 알려져 있어요.

민족의 정기가 모인 마니산

우리 민족이 세운 최초의 나라는 단기 2333년 단군이 세운 첫 조선이라고 추측해요. 단기는 단군기원을 줄인 말로, 단군이 나라를 세운 때부터 몇 년이 지났는지를 알려 주는 연대예요. 지금은 단기를 쓰지 않고 예수가 태어난 해를 원년으로 삼은 서기 연대를 사용하지요. 만약 서기로 2007년이면 단기로는 2007에다 2333을 더해 4340년이 돼요. 그래서 우리 민족의 역사를 '오천 년 역사', '반만 년 역사'라고 부르기도 하지요.

이러한 단군과 관련된 유적이 강화도 남쪽에 위치한 마니산에 있어요. 마니산은 백두산 천지와 한라산 백록담 사이의 가장 중심에 위치하기 때문에 민족의 정기가 모인 곳이자, 우리나라 국토의 중심으로 생각됐지요.

단군
우리 민족이 시조로 받드는 고조선의 첫 임금이에요.

삼국사기
고려 시대에 김부식을 비롯한 11명의 학자가 편찬한 삼국 시대의 역사에 관한 책이에요. 《삼국유사》와 더불어 우리나라의 가장 오래된 역사책이에요.

하늘에 제사를 지내던 참성단

단군은 이곳 마니산 정상에 제단을 쌓아 하늘에 제사를 지냈다고 해요. 뒷날 자연석을 쌓아 만든 참성단의 모양에는 '하늘은 둥글고 땅은 네모나다(천원지방).'라는 생각이 담겨 있지요. 참성단의 아래쪽은 하늘을 상징하여 지름 4.5미터의 원형으로 쌓았고 위쪽은 땅을 상징하여 사방 2미터의 네모꼴로 쌓았어요.

《삼국사기》에는 고구려, 백제, 신라의 왕들이 이곳에 찾아와 제사를 지냈고, 고려 시대에는 왕과 제관이 직접 찾아와 제사를 지냈

참성단
단군 할아버지가 하늘에 제사를 드렸다는 참성단은 1964년 사적 제136호로 지정되었어요.

으며, 조선 시대에도 제사 의식이 계속되었다고 적혀 있어요. 평양에는 단군릉을 비롯한 단군 관련 유적지가 많이 있지만 남한 지역에서는 강화도의 참성단이 단군 관련 사적지로 유일해요. 그래서 그 의미가 더욱 크지요.

오늘날에도 해마다 개천절이면 이곳에서 단군에게 제사를 지내고 있어요. 그리고 전국 체육 대회 때에는 선녀로 뽑힌 일곱 명이 참성단에서 성화를 붙여 대회가 열리는 도시까지 성화를 보내고 있지요.

제관
제사를 맡은 벼슬아치를 말해요. 향관이라고도 불렀어요.

개천절
단군이 처음 나라를 세운 때를 기념하는 날이에요.

마니산 전경
지금도 마니산에서는 개천절이면 제사를 지내요.

왜 단군은 마니산에서 제사를 지냈을까?

마니산은 으뜸이라는 뜻과 하늘에서 가장 가까운 곳이라는 뜻이 담겨 있는 산이에요. 그래서 마니산은 예로부터 우리나라에서 가장 기운이 센 곳으로 여겨졌지요. 강화도 남쪽에 우뚝 솟아 있는 마니산은 한반도의 가장 중심에 위치해 있지요. 실제로 마니산에서 백록담과 백두산 천지까지의 거리가 똑같아서 우리 국토의 중심으로 보았답니다.

성화 점화
마니산의 참성단에서는 해마다 전국 체육 대회를 위해 성화를 붙인답니다. 맑은 날은 태양열을 이용하지만, 흐린날은 부싯돌을 이용하지요.

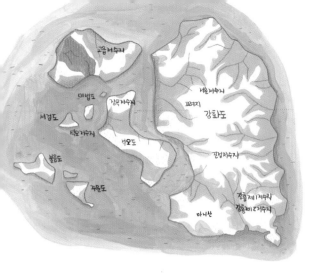

강화도 간척사업지도
강화도의 변화된 모습이에요. 흰색 부분이 원래의 땅이고, 갈색 부분은 간척된 땅이지요. 지도를 보면 보문사가 있는 석모도는 지금은 하나의 섬이지만 18세기에는 세 개의 다른 섬으로 나누어져 있었어요. 원래 섬의 면적보다 간척 사업으로 생긴 땅이 많은 곳이 바로 강화도랍니다.

원래 섬이었던 마니산

대한 제국 말 김교헌이 지은 《신단실기》라는 책에는 "하늘은 음을 좋아하고 땅은 양을 좋아하기 때문에 단을 물 한가운데 있는 산에 설치했다."라고 쓰여 있어요. 참성단이 자리하고 있는 마니산은 조선 중기까지만 해도 강화도 본섬과 떨어진 하나의 작은 섬이었어요. 그런데 지금은 본섬과 연결되어 있어요. 어떻게 된 일이냐고요?

마니산은 원래 바다 한가운데 솟아 있는 고가도라는 섬이었어요. 그런데 가릉포와 선두포에 둑을 쌓은 뒤 막아서 육지가 되었지요.

강화도에는 옛날에는 섬이었다가 지금은 육지가 된 곳이 많답니다. 강화도는 원래 해안선이 들쑥날쑥한 섬이었는데 '간척' 때문에 지금은 두루뭉술한 모양의 섬이 되었어요. 그런데 간척이 뭐냐고요? 바닷가의 툭 튀어나온 두 곳을 이어 바다를 막고 그 안쪽을 흙으로 메우는 것이지요. 그러면 바다가 땅이 된답니다. 이러한 간척 사업은 고려 시대부터 이루어졌어요.

그래서 예전의 강화도 지도와 지금의 강화도 지도를 보면 너무 다르다는 것을 알 수 있어요. 특히 18세기 강화도 지도에 나타난 해안선과 지금의 강화도 해안선을 비교해 보면 간척 사업을 얼마나 많이 했는지, 해안 모양이 얼마나 변했는지, 그래서 강화도의 땅이 얼마나 커졌는지 알 수 있어요.

간척된 논의 모습

단군의 세 아들이 쌓은 삼랑성

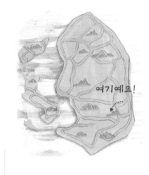

여기예요!

강화도의 정족산에는 단군의 세 아들이 쌓았다고 전해지는 삼랑성(사적 제130호)이 있어요. 정족산에 있는 산성이라 하여 정족산성으로 불리기도 하지요. 돌을 쌓아 만든 석성으로 높이는 2.3미터에서 5.3미터, 둘레는 2킬로미터에서 3킬로미터에 이르며 주위가 가파른 절벽으로 이루어져 있어 천연의 요새 역할을 하지요.

삼랑성은 원래 삼국 시대의 성 쌓는 방식으로 쌓았는데, 고려 시대와 조선 시대에 보수를 하고 다시 쌓은 흔적이 있어요. 성 안에는 우물이 13개나 있었고 성문 4개와 누각도 있었지요.

현재 삼랑성 내에는 천 년의 고찰, 전등사가 자리 잡고 있으며 단군의 세 아들의 이름을 딴 부소, 부여, 부우의 산책길이 있답니다. 마니산과 함께 단군 신화와 관련된 유적이지요.

정족산
마니산 줄기가 서쪽으로 뻗어 생긴 높이 220미터의 산으로, 생김새가 세 발 달린 가마솥과 같다 해서 붙여진 이름이에요.

누각
사방을 바라볼 수 있도록 문과 벽이 없이 다락처럼 높이 지은 집이에요.

삼랑성 유적지

삼랑성은 삼국 시대 석성 구조를 보여 주고 있어요. 내성은 지형을 이용해 돌을 계단식으로 쌓고, 외성은 진흙과 자갈을 섞어 다지면서 쌓았지요. 이렇게 성을 쌓는 방법을 판축법이라고 해요.

1. 정족산의 능선을 따라 자리한 삼랑성의 모습
2. 동그란 모양이 예쁜 아치형의 삼랑성 동문
3. 한여름의 삼랑성 가파른 성벽

단군 신화 다시 읽기

옛날 옛날 하늘에 환인이 살았어요. 그에게는 환웅이라는 아들이 있었는데 세상을 굽어보며 인간 세상에 많은 관심을 보였지요. 환인은 환웅에게 '인간 세계를 널리 이롭게 하라.'며 바람을 다스리는 풍백, 비를 다스리는 우사, 구름을 다스리는 운사를 주어 인간세상으로 내려 보냈어요. 환웅은 태백산 산꼭대기에 있는 신단수로 내려와 자리를 잡았어요. 그러고는 사람들을 보살피며 인간 세상을 다스렸지요.

쑥과 마늘만 먹고 살 수 있나?

어느 날 호랑이 한 마리와 곰 한 마리가 찾아와 사람이 되고 싶다고 간청했어요. 그러자 환웅은 마늘과 쑥만 먹으면서 햇빛을 보지 않고 굴 속에서 백일을 지내면 사람이 될 수 있다고 하였어요. 이리하여 호랑이와 곰은 동굴 속에서 마늘과 쑥만 먹으면서 지냈어요. 하지만 며칠이 지나자 호랑이는 참지 못하고 동굴 밖으로 뛰쳐 나갔습니다. 그러나 곰은 배고픔과 지루함을 견디며 묵묵히 지냈어요. 이윽고 삼칠일(21일)이 지나자 인내심 많은 곰은 예쁜 여자가 되었어요. 여자로 변한 곰이 바로 웅녀예요.

사람이 된 웅녀는 결혼할 상대가 없어 신단수 아래에서 아이 갖기를 간절히 빌었어요. 그러자 환웅이 사람으로 변해 웅녀와 결혼하여 아이를 낳았어요. 이 아이가 바로 '단군 왕검'이에요.

여기에서 단군 왕검은 그냥 사람 이름이 아니랍니다. '단군'은 제사장을, '왕검'은 '임금'으로 왕의 뜻을 나타내지요. 단군 왕검은 자라나 아사달에 나라를 세우고 그 이름을 '조선'이라 지었어요. 이후에 기자조선, 위만조선, 그리고 이성계가 세운 나라도 '조선'으로 이름이 같아 나라를 구분하기 위해 단군이 세운 나라와 그 뒤의 조선을 '고조선'이라 불러요. 처음 나라를 세운 때가 단군 원년이 되었고 서력으로 기원전 2333년이에요. 또 처음 나라를 세운 10월 3일을 개천절이라 하여 기념하고 있지요. 단군 왕검은 1천5백 년 동안 조선을 다스리다가 산신령이 되었는데, 이때 단군의 나이가 1,908세였다고 해요.

단군 신화에 대한 여러 가지 해석

우리나라의 건국 신화인 단군 신화는 그 역사가 오래된 만큼 해석도 여러 가지예요. 우리 어린이들이 요즘 많이 읽고 있는 그리스 로마 신화도 신들의 이야기로, 벼락을 던지는 제우스가 등장하고는 하지요. 하지만 이것은 신들이 벌이는 여러 가지 사건을 이야기로 만든 것이지 실제로 일어난 역사와는 다르답니다. 그러니 단군 신화는 사실적인 역사를 신화의 모습으로 기록한 것이라고 봐야 해요.

한반도 북방에서 동쪽으로 환웅족이 이동을 해요. 이때 지금의 백두산 부근에서는 호랑이를 섬기는 호족과 곰을 섬기는 웅족이 서로 맞부딪치게 됩니다. 사냥을 하고 옮겨 다니며 호랑이를 받드는 호족에 비해 농사를 짓고 살아가며 곰을 받드는 웅족은 이동하는 환웅족과 같은 무리를 이루게 되었어요. 그리하여 호족은 쫓겨나게 되었지요. 마치 백일 동안 마늘과 쑥을 먹으며 참은 잡식동물인 곰이 여인이 되고 육식동물인 호랑이는 참지 못하여 굴을 나가는 것과 같죠. 그 후 웅족과 환웅족을 같이 지배하는 지도자 단군 왕검이 나오게 되지요.

단군 왕검부터 후손들에 의해 나라가 지속되었으니 단군 왕검이 1,908살까지 살았다는 이야기는 그만큼 '조선'이라는 나라가 이어져 왔다는 것이에요.

따라서 단군 신화는 그저 만들어 낸 이야기가 아니라 우리 역사의 한 부분이지요.

23

삼국 시대의 강화도

고구려, 신라, 백제가 차지하려 다투었던 강화도

　강화도는 한강 유역에 자리잡고 있어요. 예로부터 한강 유역은 넓은 평야에 물이 가까이 있어 농사 짓기에 편리하고, 중국과도 가까워 무역을 하는 데에도 유리했어요. 그래서 삼국 시대에는 고구려, 신라, 백제가 모두 이곳을 서로 차지하기 위해 치열하게 싸웠답니다. 한강 유역을 차지한 나라는 당연히 강화도도 차지했겠지요.

　이렇게 강화도의 주인은 계속 바뀌어 4세기까지는 백제, 5세기에는 고구려, 6세기 진흥왕 이후부터는 신라 땅이었어요. 그 때마다 세 나라는 강화도에 절을 세웠고요. 고구려 영토일 때에는 전등사와 청련사가, 신라 영토일 때에는 보문사와 정수사가 세워졌어요. 그러나 이런 유적들도 그 동안 모두 불타거나 무너지고 지금 남아 있는 건물은 조선 시대 이후에 다시 지은 것들이랍니다. 자, 그럼 강화도에 남아 있는 삼국 시대의 유적을 알아볼까요?

돌성 안에 세운 절, 전등사

정족산 안쪽에 자리한 전등사는 372년 고구려 소수림왕 때 아도화상이 절을 짓고 진종사라 부른 것에서 시작되었어요. 이후 1282년 고려 충렬왕의 비인 정화궁주가 승려 인기를 중국 송나라에 보내 대장경을 가져오게 하고, 이 대장경과 함께 옥등을 진종사에 바친 뒤로 '등을 전했다.'라는 뜻에서 전등사라 부르게 되었어요.

🏯 아도화상
신라에 불교를 처음 전한 고구려의 승려예요.

소수림왕 때 세운 절

우리나라에 불교가 들어와 종교로 인정을 받게 된 것은 고구려 소수림왕 때인 서기 372년이었어요. 그런데 전등사의 창건 시기에 대해서는 의아한 부분이 있어요. 실제로 전등사는 불교가 전해진 지 9년 만인 서기 381년에 세워졌거든요. 소수림왕 때인 372년에 강화도는 아직 백제 영토였기 때문에 고구려가 강화도에 절을 세울 수가 없었어요. 강화도는 4세기에 백제, 5세기에 고구려가 차지하고 있었지요. 그런데 전등사가 세워진 때를 소수림왕 때로 잡은 것은 고구려에 공식적으로 불교가 들어온 해를 기준으로 했기 때문이에요.

고려 충렬왕의 비 정화궁주가 옥등을 전등사에 바쳤어요. '등을 전했다'라는 뜻에서 전등사가 되었어요.

궁궐의 기능을 한 전등사

전등사는 고려 시대에도 중요한 역할을 하지요. 몽골군의 침략을 받은 고려 왕실에서는 1232년 강화도로 임시 도읍지를 정하고, 궁궐을 옮긴 적이 있어요. 이때 전등사는 부처님 말씀으로 고려 왕실과 나라를 구하는 데

전등사
인천 강화군 정족산성 안에 있는 절로 대웅전, 약사전, 범종이 보물로 지정되어 있어요.

가궐지 터
1259년 고려 고종 때 풍수도참가 백성현의 건의에 따라 고종이 건립했던 궁궐이 있던 터예요.

많은 영향을 주었지요. 그래서 지금도 전등사에는 궁궐이 있던 자리인 **가궐지**가 남아 있어요. '가궐'은 가짜 궁궐이란 뜻이지만, 실제로는 왕이 가끔 와서 묵기도 했지요.

가궐지에는 수십 개의 가짜 건물이 있었다고 해

 **가궐지**
가궐지란 가짜 궁궐이 있던 자리라는 뜻이에요.

요. 풍수도참가 백승현이 건의해서 고려 고종(1192~1259, 고려 23대 왕)이 건립했던 가궐에는 왕이 기거하지 않을 때에도 금침을 깔아 실제 왕이 잠을 자며 기거하고 있는 것처럼 꾸며 두는 관습이 있었지요. 가궐지는 훼손되어 흔적도 없었는데, 지난 2000년에 발굴되었답니다.

전등사 한눈에 들러보기

절 안에 만든 도서관, 사

강화군청 제공
정족산 사고의 원래 모습

복원된 정족산 사고 장사각 모습

전등사가 자리 잡은 정족산은 예부터 명당으로 여겨진 곳이에요. 그래서 조선 왕실에서는 전등사에 나라의 역사책과 귀중한 문헌을 보관하는 건물인 사고를 짓게 하고, 《조선왕조실록》 등 귀중한 문화재를 보관하게 했지요. 전등사 사고에 있던 《조선왕조실록》은 국보로 지정되었고, 세계기록유산으로 등재되었어요.

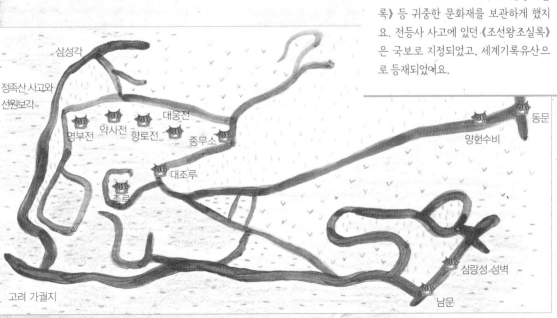

삼성각
정족산 사고와 선원보각
명부전 약사전 향로전 대웅전
종무소
종로
대조루
고려 가궐지
남문
삼랑성 성벽
양헌수비
동문

절 안으로 들어가는 문

집 안으로 들어가려면 대문이나 현관문을 통해야 하지요. 절에서 가장 중요한 곳인 대웅전으로 들어가기 위해서는 보통 일주문, 인왕문, 천왕문, 자하문 등 네 개의 문을 지나야 해요. 일주문은 부처님 나라로 들어가는 입구이고, 인왕문은 사찰의 대문이에요. 또 천왕문은 부처님 나라를 지키는 문지기들이 있는 문이지요. 자하문은 부처님의 나라인 불국으로 들어가는 문이에요.

가호
신이나 부처가 힘을 베풀어 보호하고 도와 주는 것을 말해요.

편액
종이, 비단, 널빤지 따위에 그림을 그리거나 글씨를 써서 무이나 현관에 걸어 두는 액자를 말해요.

불이문
사찰에서 본당에 들어서는 마지막 문을 말해요.

전등사에는 일주문이 없어요

보통 사찰에 가면 가장 먼저 만나게 되는 문이 일주문이에요. 일주문은 속세와 부처님 나라의 경계이지요. 하지만 전등사에는 다른 사찰과는 달리 일주문이 없어요. 삼랑성 속에 자리 잡고 있기 때문에 삼랑성이 자연스럽게 그 울타리가 되고 삼랑성의 출입문인 동문과 남문이 전등사의 일주문 역할을 하게 되었거든요. 전등사는 부처님의 가호뿐만 아니라 삼랑성에 둘러싸여 있어 단군의 보호도 받는 절이라고 할 수 있지요.

밀려오는 파도를 바라보던 대조루

대조루는 밖에서 들어갈 때 보면 2층이고, 대웅보전 마당에서 보면 1층으로 보이는 특이한 구조예요. 1층 처마에는 '전등사'라는 편액이 걸려 있어 전등사의 불이문 역할도 하지요. 이 대조루에서 대웅보전을 바라보면 시선이 약 25도 정도 된답니다. 이 각도는 대웅보전의 석가모니를 가장 존경하는 시선으로 보게 되어 있으니 참으로 세심하게 세운 건물이지요.

대조루란 '밀려오는 파도를 바라보는 망루'라는 뜻으로 대조루의 창문을 열면 전등사 남동쪽으로 강화해협이 한눈에 보여 멋진 경관이 펼쳐진답니다.

대웅보전 앞마당에서 바라본 대조루

전등사에서 바라본 초지대교

전등사 은행나무 전설

전등사에는 두 그루의 커다란 은행나무가 있어요. 자그마치 오백 살이나 되는 이 나무들에는 전설이 서려 있답니다.

조선은 불교를 억압하고 유교를 숭상하는 정책을 폈어요. 절에 많은 세금을 내게 해 불교의 세력이 더 이상 커지지 않도록 한 것이지요. 그래서 전등사에서도 해마다 은행나무에서 열리는 은행 열 가마니를 조정에 세금으로 바쳤어요. 그러던 어느 해 조정에서 스무 가마니의 은행을 바치라고 요구했어요. 전등사에서는 걱정이 되었지요. 은행나무에서 열리는 은행의 양은 해마다 비슷한데 갑자기 두 배를 내라니 말이에요. 고민하던 스님은 불심이 강한 백련사의 추송 스님에게 도움을 청했어요.

얼마 후 전등사에서는 3일 기도가 열리고, 추송 스님은 낭랑한 목소리로 기도를 올렸어요.

"남섬부주 해동 조선국 강화도 전등사에서 3일 기도로 지성 봉행하니, 두 그루 은행나무에 열매가 맺히지 않게 해 주기를 축원하나이다."

전등사 은행나무
20미터 높이에 둘레만 5미터가 넘어요.

사람들은 축원 내용을 듣고는 모두 깜짝 놀랐어요. 두 배로 열리게 해 달라는 것이 아니라 열리지 않게 해 달라는 것이었으니까요.

바로 그 때였습니다. 때 아닌 먹구름이 전등사를 뒤덮더니 비가 무섭게 내리고 은행 열매는 우박과 비에 모두 떨어져 버렸어요. 그뿐만 아니라 축원을 드리던 스님들도 온데간데없이 사라져 버렸어요. 그 뒤부터 전등사 은행나무에서는 은행이 한 톨도 열리지 않게 되었답니다. 지금까지도 말이에요.

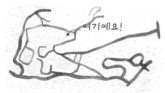
여기예요!

화려하지만 단아한 대웅보전

🐾 **배흘림 기둥**
기둥의 가운뎃부분을 굵게 하고 아래와 위를 가늘게 다듬어 멀리서 보면 일자형의 기둥처럼 안정적으로 보이게 한 기둥이에요. 고풍스러운 멋을 자아내지요.

🐾 **당초무늬**
식물의 덩굴이나 줄기를 일정한 모양으로 표현한 장식 무늬의 하나예요.

대조루를 지나면 전등사에서 가장 중요한 건물인 대웅보전이 있어요. 대웅보전은 앞면 3칸·옆면 3칸의 아담한 크기이며 지붕은 옆에서 볼 때 여덟 팔(八)자 모양인 팔작지붕에, 기둥은 배흘림 기둥이에요.

대웅보전은 부처님이 계신 곳이에요. 안으로 들어가면 나무를 깎아 만든 석가여래 삼존불이 모셔져 있는데 부처님을 모신 불단 위에는 아주 화려한 닫집이 사람을 반겨요.

닫집 위쪽의 천장에는 용머리를 장식했고, 그 주변에는 연꽃, 모란, 당초무늬와 물고기를 조각해 놓아 마치 용궁처럼 보인답니다. 또 부처님의 뒤에 걸어 두는 후불탱화가 아주 화려하지요.

닫집

인도에서 부처님이 설법을 할 때 더울까 봐 햇볕을 가리기 위해 '산개'라는 것을 씌웠는데 이것이 변해서 닫집이 되었어요.

어리석은 여자, 대웅보전 나녀상

이곳 전등사에는 다른 절에서는 볼 수 없는 특징이 있어요. 바로 대웅보전 처마 밑에 있는 나녀상이에요. 나녀상은 네 귀퉁이 처마 밑에서 옷을 벗은 채로 쭈그리고 앉아 지붕을 받치고 있어요. 이 나녀상에 얽힌 전설은 전등사의 오랜 역사만큼이나 유명하답니다.

불상 뒤에 모시는 보살, 성현들의 그림인 후불탱화

조선 시대에 솜씨 좋은 도편수가 전등사에 와서 대웅보전을 짓고 있었어요. 그러다 전등사 아래 주막집에 사는 주모를 마음에 두었어요. 그래서 그 동안 모은 돈을 모두 주모에게 맡기면서 일이 끝나면 결혼하자고 했지요. 이런 도편수의 마음을 저버리고 주모는 도편수의 돈을 모두 가지고 달아나 버렸어요.

 **도편수**
집을 지을 때 일을 지휘하는 우두머리 목수를 말해요.

도편수는 화가 나서 일손이 잡히지 않았지만 마음을 다잡고 대웅보전 공사를 마무리했어요. 공사가 끝나자, 대웅보전의 처마 네 군데에는 지붕을 떠받치고 있는 벌거벗은 여인상이 만들어져 있었답니다. 도편수가 어떤 심정으로 여인상을 이렇게 만들어 놓았을지 생각해 보아요.

나녀상
대웅보전 네 귀퉁이에는 조금씩 다른 나녀상이 지붕을 떠받치고 있어요.

여기서 잠깐!

처마 밑에서 나녀상을 찾아보세요.

아래 사진은 대웅보전 처마 밑 네 귀퉁이에 있는 나녀상을 찍은 거예요.
이 중 대웅보전을 정면으로 바라보았을 때 오른쪽에 있는 나녀상은
어느 것인가요? (   )

1
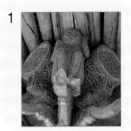

2
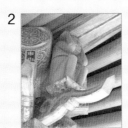

3

도움말 모두 자세가 다른데, 이곳의 나녀상은 왼손으로 처마를 받치고 있어요.

☞ 정답은 112쪽에

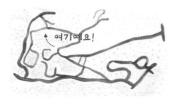

두 마리 용이 웅크린 범종

전등사 범종
고려 숙종 때 중국에서 만들어졌어요.

전등사에 가면 꼭 놓치지 않고 보아야 할 범종이 있어요. 이 범종은 1963년에 보물 제393호로 지정된 것으로, 164센티미터 높이의 아담한 크기예요. 그런데 이 범종은 중국에서 만든 것이에요. 종의 밑부분을 보면 만든 장소와 시대를 알려 주는 글씨가 씌어 있어요. 중국 하남성 백암산 숭명사의 종이며, 북송 철종 4년에 만들어졌다는 내용이지요. 이때는 1097년 고려 숙종(1095~1105년. 고려 15대 왕) 때랍니다. 그러나 어떻게 전등사에 오게 됐는지는 알려지지 않았어요.

종의 꼭대기에는 두 마리의 용이 서로 등지고 웅크린 모양으로 종의 고리를 이루고 있어요. 전등사 범종에는 종을 쳤을 때 나는 잡음을 빼 주는 음통은 없답니다. 이는 중국 종의 특징이지요. 우리나라 종에는 한 마리의 용이 조각되어 있고, 음통이 있어요. 특히 용 한 마리로 고리를 만드는 것은 균형을 잡기가 어렵기 때문에 우리의 종 만드는 기술이 중국보다 앞섰다는 것을 보여 주지요. 그런데 중국의 종이 어떻게 우리나라 보물이 될 수 있었을까요? 이 범종을 문화재로 지정할 당시에는 우리나라에서 만든 것으로 알았다고 해요.

여기서 잠깐!

각 종에 맞는 설명을 골라 보세요.

아래 보기에서 우리나라 종의 특징에는 '우리나라', 중국 종의 특징에는 '중국'을 써 보세요.

① 종의 꼭대기에 두 마리의 용이 등지고 웅크리고 있다. (   )
② 꼭대기에 용 한 마리가 균형을 잡고 있다. (   )
③ 음통이 없다. (   )   ④ 음통이 있다. (   )

☞ 정답은 112쪽에

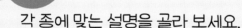

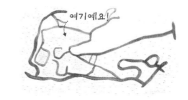

약사전과 명부전

대웅보전을 자세히 둘러보았으면 이제 주변의 다른 건물들도 살펴
보아요. 전등사 지역 안에는 대웅보전 외에도 약사전(보물 제179호)을 비
롯해 명부전·삼성각·향로각·적묵당·강설당·범종각 등이 있어요.

약사여래를 모셔 놓은 약사전

대웅보전의 왼편에는 대웅보전보다 작은 크기의 약사전이 세워져 있
어요. 약사전 안에는 사람들의 질병을 고쳐 주는 약사여래가 모셔져
있지요. 약사여래는 몸 안의 병, 마음의 병을 치유해 주고 집안에 든
재난까지 물리쳐 주는 부처랍니다.

중생들이 약사여래를 믿고 진심으로 기도하면 갖가지 마음의 병이
낫는다고 전해져요. 약사전의 약사여래는 약을 지어 주는 약국의 약
사를 생각하면 쉽게 이해할 수 있을 거예요.

약사전 석불 좌상
고려 불상 양식을 잘 나타내
며 약상자를 들고 있어 약사
여래임을 알 수 있어요.

전등사 약사전
다른 절에 있는 약사전보다 규모가 커요. 대웅전 서쪽 언덕에 자리하고
있으며 3단 장대석을 쌓아 마련한 터에 정면 3칸, 측면 2칸 규모로 지
은 건물이에요.

지장보살
땅이 모든 생명을 키우는 것처럼 모든 생명이 불심을 깨닫도록 애쓰는 명부전 지장보살은 왼손에는 연꽃을, 오른손에는 보주를 든 모습이 많아요.

지장보살을 보셔 놓은 명부전

약사전 옆의 명부전에는 **지장보살**이 모셔져 있어요. 명부란 사람이 죽어서 염라대왕에게 심판을 받는 곳인데, 지장보살은 그곳에서 중생을 가르쳐 옳은 길로 안내하는 보살이지요. 좀 더 사실적으로 말하면 무서운 심판으로부터 죽은 이를 구해 주는 역할을 하는 보살이에요. 그런데 지장보살을 자세히 보면 머리가 굉장히 짧아요. 이처럼 지장보살은 보통 짧은 머리를 하고 있답니다.

그리고 문의 입구를 돌아보세요. 깜짝 놀랐죠? 무섭게 생긴 '**역사**' 두 명이 출입문 좌우에서 노려보고 있어요. 이들은 명부전을 지키느라 눈을 부라린 채 험악한 표정을 짓고 있는 거예요. 하지만 죄가 없는 사람들이라면 겁먹을 필요가 없겠지요.

역사
불교의 진리를 지킨다는 두 신이에요. 왼쪽 밀적금강은 입을 벌리고 있고, 오른쪽 나라연금강은 입을 다물고 있어요

명부전
명부전은 지장보살을 모시고 죽은 이의 넋을 인도하여 극락왕생하도록 기원하는 전각이에요.

스님처럼 법의를 입으셨네.

머리가 짧아.

자장보살은 보통 머리를 깎은 승려의 모습으로 머리 뒤에는 서광이 빛나고 두 눈썹 사이에는 백호(하얀 눈썹)가 나 있는 모습으로 표현되어요.

34

연개소문의 정기가 어린 고려산

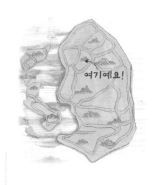
여기예요!

강화도에는 마니산이 있어 영험하고, 고려산이 있어 기개가 높다고 말하지요. 이 말을 증명이라도 하듯 고구려의 대막리지였던 연개소문이 바로 이곳 강화도에서 태어났어요.

연개소문은 강화도 고려산 북쪽 시루미 산에서 태어나 치마대와 오정에서 무예를 갈고 닦았어요. 연개소문은 어릴 때부터 힘이 세고 지혜로워 명장으로 타고났다는 칭찬이 자자했어요. 커서는 위엄 어린 얼굴에 풍채가 당당하고 거대한 몸집에 수염이 송곳처럼 나 있었다고 전해지지요.

> **대막리지**
> 고구려 때 행정과 군사권을 장악한 최고 관직을 말해요.

고구려의 새로운 정치가, 연개소문

당시 중국에서는 수나라가 망하고 당나라가 세워졌어요. 북쪽으로 당나라와 국경을 맞대고 있는 고구려는 당나라와 싸워 무찔러야 한다는 강경파와 당나라와 화해하고 친하게 지내야 한다는 온건파로 나누어져 있었어요. 이때 연개소문은 강경파의 중심에 있었죠.

당시의 왕인 영류왕은 온건파였기에 연개소문을 북쪽의 천리장성 공사판으로 보내 버렸어요. 그래도 안심이 되지 않자 온건파 사람들은 연개소문을 죽이려고까지 했답니다.

이를 먼저 알게 된 연개소문은 도성으로 되돌아와 온건파 사람들과 영류왕을 없애고 스스로 대막리지가 되지요. 이 때부터 고구려에는 연개소문의 시대가 열렸어요.

고구려대막리지 연개소문의 유적비
연개소문을 기리기 위해 세운 비석이에요.

연개소문은 당을 정벌하고 한민족의 얼을 드높일 것을 주장하며 꿈의 나래를 펼치고자 보장왕을 새 왕으로 세우고 정치를 했어요.

당나라 30만 대군을 물리친 명장

그러자 당나라는 연개소문을 혼내 줘야 한다며 30만 군사를 이끌고 쳐들어왔어요. 하지만 고구려는 눈도 꿈쩍하지 않고 당나라 군대를 무찔렀어요. 군사들과 백성들은 하나가 되어 국경의 요하와 안시성에서 싸워 당의 함선 4백여 척을 부수고 30만 대군을 물리쳤지요. 특히 안시성 싸움에서 당 태종이 눈에 화살을 맞고 도망을 친 사건은 아주 유명하답니다.

고구려는 그 후에도 4차례나 당나라의 침입을 받았으나 이를 모두 막아 냈어요. 고구려군은 기세를 몰아 연개소문은 당나라 내륙으로 깊숙이 밀고 들어가 화북 지방(오늘날의 베이징 언저리)을 정벌하고 빛나는 전과를 거두었어요. 연개소문은 고구려의 자랑스러운 장수로 이름을 떨쳤지요. 그때 당나라에서는 연개소문의 이름만 들어도 무서워서 벌벌 떨었다고 해요. 당 태종이 죽으면서 "다시는 고구려를 침입하지 말자."라는 유언을 남겼을 정도로 말이에요.

막리지비도대전
연개소문이 사용했던 비도술의 모습을 살펴볼 수 있어요.

🏯 **당 태종**
중국 당나라의 제2대 황제예요. 645년에 30만 대군을 끌고 고구려를 공격했으나, 한쪽 눈을 잃고 물러났어요.

안시성 싸움

연개소문이 영류왕을 죽인 것을 핑계로 당나라 태종이 고구려로 쳐들어오자 벌인 싸움이에요. 안시성은 당나라에서 고구려로 가는 길목에 있어서 반드시 지나야 했어요. 이때 용맹한 고구려 장수 양만춘은 성문을 걸어 잠그고 날씨를 이용하는 지혜로운 전술로 당나라의 공격을 이겨 냈어요. 마침내 날이 추워지고, 양식이 떨어져 당나라 군대는 물러갈 수밖에 없었어요.

와, 멋지다! 여기서 연개소문이 장수의 꿈을 키웠구나.

봉우리를 달리며 꿈을 키운 연개소문

천하를 다스리겠다는 큰 뜻을 품었던 연개소문은 강화도가 낳은 큰 인물이지요. 고려산에는 연개소문이 태어났다는 옛 터와 자취가 남아 있어요. 연개소문의 집터는 고려산 서남쪽 봉우리인 시루봉의 중턱으로 주춧돌이 곳곳에 널려 있어요. 하지만 민간에 전해 내려오는 전설일 뿐이랍니다.

또한 고려산 정상에 다다르면 다섯 개의 우물이 나와요. 이곳에서 연개소문이 말에 물을 먹이고, 무술을 연마했다지요. 그런데 그 뒤에 몽골의 사신이 이 오정을 찾아 쇠말뚝을 깊이 박고 쇳물을 부어 땅의 맥을 끊어 버렸다고 전해져요. 당 태종을 비웃으며 천하를 호령했던 연개소문의 기개를 두려워하여, 이 산의 정기를 끊고 위대한 장수가 태어나는 것을 막으려 했던 몽골의 의도를 엿볼 수 있어요. 그런데 그 뒤부터는 넘쳐 흐르던 물이 말라 버렸다고 하니 안타깝기 그지없는 일이에요.

고려산 진달래 능선
고려산은 진달래 군락지로 유명해서 해마다 4월에는 진달래 축제가 열려요.

장수 연개소문의 성은 '연'일까? '연개'일까?

연개소문의 성은 연이고 이름은 개소문이라고 해요. 하지만 김부식이 쓴 《삼국사기》에는 연을 같은 뜻의 뜻을 가진 천으로 낮추어 천개소문으로 쓰기도 해요. 중국 기록에도 '천' 또는 '전'이라 하였는데, 《일본서기》에는 그의 이름을 이리가수미로 기록하고 있답니다.

치마대
연개소문이 말을 달렸다는 능선이에요.

오정
연개소문이 말에게 물을 먹이고 그 물가에서 무술을 연마했다는 곳이에요.

하지만 고려산을 오르는 능선인 치마대는 아직 남아 있답니다. 연개소문은 치마대의 능선을 달리면서 무술을 익히고 큰 꿈을 키웠을 거예요. 서해의 파도 소리를 들으며 광활한 만주 대륙과 중국을 제패할 꿈을 꾸었을지도 모르지요.

그런데 연개소문이 태어날 당시 강화도가 신라의 영토였기 때문에 연개소문의 출생 이야기는 근거가 없다고도 해요. 하지만 당시는 고구려와 신라가 서로 싸우던 상황이라 고려산이 있는 강화도의 본섬은 고구려가 차지하고, 마니산과 정수사가 있는 남섬은 신라가 차지했을 가능성이 있어 전혀 근거 없는 이야기는 아니에요. 본섬과 남섬이 한 영토로 합쳐진 것은 조선 숙종 때의 일이니까요.

여기서 잠깐!

연개소문에 대해 알아 보아요.

다음은 연개소문에 대한 설명이에요.
틀린 설명을 찾아보아요. (   )

1. 연개소문은 당을 정벌한 장수였다.
2. 연개소문은 강화도 고려산에서 태어났다.
3. 연개소문은 영류왕의 아들이었다.
4. 연개소문은 고구려의 대막리지였다.

☞ 정답은 112쪽에

다섯 빛깔 연꽃이 핀 연못, 오련지

고려산 정상에 있는 오련지

고구려 장수왕이 다스리던 416년 때 일이에요. 인도의 고승이 동자승 하나를 데리고 절을 지을 만한 터를 찾아 다녔어요. 그러다 강화도에까지 이르렀지요. 고승이 지친 몸을 이끌고 밤하늘의 별들을 바라보며 염불을 외니 꿈인지 생시인지 백발노인이 나타나 "내일 산꼭대기로 올라가라."라고 했어요.

다음 날 고승이 동자와 함께 숲을 헤치며 산으로 올라가 보니, 연못에 다섯 가지 색깔의 연꽃이 피어 있었어요. 고승이 이 연꽃을 꺾어 하늘로 날리니 연꽃들은 제각기 다른 장소에 떨어졌고, 인도의 고승은 연꽃이 떨어진 장소마다 절을 지었대요.

절은 연꽃 색깔을 따서 적련사, 황련사, 흑련사, 백련사, 청련사로 이름 지었어요. 다섯 빛깔의 연꽃이 피어 있던 연못은 오련지라 하고, 오련지가 있던 산은 오련산이라고 불렀지요. 후에 고려의 조정이 강화도로 천도*하여 오련산은 고려산으로 이름이 바뀌었어요. 현재 적련사는 적석사로 이름이 바뀌었으며, 황련사와 흑련사는 그 터만 남아 있고, 백련사와 청련사는 지금도 그대로 있답니다.

불교는 우리나라에 어떻게 들어왔을까?

오련지 이야기는 삼국 시대에 불교가 들어온 과정을 알려 주는 것이라고 할 수 있어요. 불교는 중국 대륙에서 육로를 통해 들어와 고구려에 전해지고 또 백제, 신라에 전해졌어요. 고구려는 372년, 백제는 384년, 신라에서는 535년에 불교를 인정하였는데 강화도는 중국과 가까워 비교적 일찍 불교가 전해진 셈이지요.

*천도: 도읍을 옮기는 것이에요.

고려 시대의 강화도

적에게 맞서 싸우고 또 싸운 항전의 역사

　고려가 처음 세워진 해는 918년이고 멸망한 해는 1392년이에요. 그러니 고려는 5백 년 동안의 역사를 지속시킨 나라지요. 사실 동양에서 한 왕조가 5백 년을 이어가기란 쉬운 일이 아니었어요. 그 시대에는 영토 다툼이 아주 치열했거든요.

　고려가 세워진 10세기와 11세기에는 거란족이 쳐들어왔고, 12세기에는 여진과 충돌하였지요. 13세기에는 몽골의 침략이 있었고 14세기 이후에는 홍건적과 왜구의 침략에 시달려야 했답니다.

　몽골의 침입으로 나라 전체가 위기에 빠졌을 때, 강화도는 도읍이 되어 왕실을 지켰어요. 전쟁에 시달리면서도 우리 민족은 삼별초와 팔만대장경을 통해 민족의 힘을 보여 주었답니다.

　또 고려 시대 최고의 문장가 이규보는 불교의 힘으로 나라와 민족을 지키려는 마음을 담아 팔만대장경의 기원문인 《대장경각판군신기고문》을 지었어요.

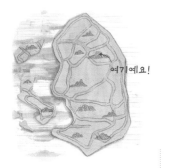
여기예요!

고려를 지켜 냈던 강화산성

몽골은 고려에 모두 7차례나 침입해 왔는데 그 때마다 온 나라가 쑥대밭이 될 정도로 피해가 컸어요. 몽골군은 열 살이 넘은 고려 남자들을 모두 죽이고 여자와 아이들은 포로로 잡아갔지요. 전쟁 때문에 농사를 지을 수 없어 굶어 죽게 된 사람도 많았답니다.

나라가 이런 지경에 이르렀는데 고려 조정은 백성을 버리고 강화도로 피난을 갔어요. 임금과 조정만 안전한 강화도로 피신하였다고 백성들의 원성이 자자했지요. 그러나 강화도에 들어간 조정은 피해를 받지 않고 살아남아 고려 왕조를 유지했답니다.

강화도로 피난 간 임금이 머물렀던 고려궁지는 임금이 있는 중요한 곳이었기 때문에 주변에 성을 쌓았어요. 성은 내성·중성·외성으로 되어 있었는데

길다 길어. 휴~

강화읍을 둘러싼 것은 내성으로 지금은 내성만 볼 수 있어요. 경복궁과 서울을 둘러싼 조선 시대 서울 성곽과 같은 역할을 했어요.

이렇게 쌓은 강화산성은 1259년 고려가 몽골에 항복하면서 궁과 함께 내·외성이 헐려 버렸어요. 그 뒤 조선 초에 다시 쌓았는데, 이 또한 병자호란 때 청나라 군사에 의해 파괴당했어요.

지금 남아 있는 성은 병자호란 이후에 다시 쌓은 것이지요. 내성의 길이는 1,174미터로 동서남북에 각각 네 개의 문이 있어요. 각각의 문은 동문이 망한루, 서문이 첨화루, 남문이 안파루, 북문이 진송루예요.

이제 성 안으로 들어가 볼까요?

강화산성
1677년 강화 유수 허질이 병자호란 때 헐린 성을 다시 쌓았어요.

최씨 무신 정권

몽골이 고려를 침략했을 때, 고려의 권력은 군인 세력인 무신들이 잡고 있었어요. 그런데, 원래부터 고려의 무신들이 힘이 셌던 것은 아니에요. 오히려 문신들에게 차별을 당하고, 군인들은 월급도 제대로 못 받았지요. 참다 못한 무신들은 1170년에 정변을 일으키고 말았어요. 정변으로 권력을 잡은 무신들이 모든 나랏일을 결정했던 때를 무신 정권기라고 불러요. 이후 최우와 최이 부자는 몽골에 맞서 고려를 이끌었지만 왕실이 몽골에 항복하면서 무신 정권 100여 년의 지배도 끝나요.

어느 쪽부터 볼까?

강화산성
북문

고려궁지

강화산성
서문

강화산성
동문

연무당옛터

용흥궁

강화산성
남문

강화산성
현재 강화읍을 둘러싸고 있는 내성이에요.

피난 와서 도성을 쌓았네.

강화산성은 고려 왕실과 조정을 지켜 주었대.

강화산성 동문 망한루
망한루 성문 천장에는 청룡이 그려져 있어요. 이 문은 2004년에 복원되었어요.

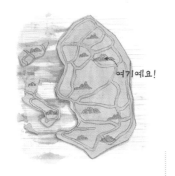

여기예요!

고려 왕조를 지킨 고려궁지

먼저 둘러볼 곳은 고려궁지예요. 지금으로부터 760여 년 전인 1231년, 몽골이 고려에 쳐들어왔어요. 당시 고려의 임금은 고종이었고 **실권자**는 무신 최우였지요. 몽골 고원의 작은 부족에서 일어난 칭기즈 칸은 서북쪽으로 중앙 아시아와 유럽 등지를 정벌하였고, 그의 셋째 아들 **오고타이**는 중국 정벌을 계획하고 먼저 동남쪽의 만주와 고려 땅에 눈독을 들였어요.

고려 고종은 몽골이 침략해 온 다음 해인 1232년에 왕실 귀족과 조정 관료들을 이끌고 강화도로 피난을 갔어요. 그러고는 지금의 강화읍 관청리에 궁궐을 지었지요. 그곳이 지금 남아 있는 강화 고려궁지랍니다.

처음 궁궐을 지을 때 본궁인 연경궁을 비롯하여 14개의 작은 궁궐 건물들을 짓는 데 꼬박 2년이 걸렸어요. 이렇게 해서 강화도는 고려 조정이 미물렀던 39년 동안 고려의 수도로서 고려의 중심 역할을 했어요.

실권자
실제로 권력을 쥐고 있는 사람을 말해요.

오고타이
어려서부터 아버지 칭기즈 칸을 따라 싸움터로 돌아다녔어요. 아버지의 정복 사업을 이어 이란, 남러시아를 정복하고 중국에 세운 금나라를 멸망시켰답니다.

임금님, 백성들을 두고 어디로 가시나요?

고려 24대 임금 원종은 39년간 머무르던 강화도에서 개경으로 환도했지요.

서양인이 강화유수부의 전경을 그린 그림
서양 사람이 고려궁지 안에 있던 건물들을 그린 것이에요. 2년에
걸쳐 지은 건물들이 가득 차 있었답니다.

눈 내린 고려궁지
고려 조정이 몽골에게 무릎을 꿇은 뒤 몽골은 고려궁지를 모두 불태웠어요. 그
래서 지금의 고려궁지에는 당시의 건물이 하나도 남아 있지 않아요. 조선 시대
의 이방청과 명위헌 등 그 이후 시대의 흔적만이 있답니다.

그러다가 1270년, 고려 조정은 몽골에 무릎을 꿇고는 강화 생활을
마무리하고 개경(지금의 개성)으로 돌아갔지요. 고려 조정이 개경으로
돌아간 다음 몽골군은 고려궁지를 비롯해 강화에 있던 고려 궁궐들
을 모두 불태웠어요. 그래서 지금은 그 자리만 남아 '고려궁터' 혹은
'고려궁지'라고 불리지요.

지금 고려궁지에는 강화 동종과 조선 시대 유수부의 동헌이었던 명
위헌과 이방청, 이렇게 건물 두 채만이 덩그러니 남아 있어요.

강화 동종각
숙종 때 만든 원래의 종은
종의 몸체 부분에 금이 가
더 이상 타종할 수 없게 되
어 강화역사박물관으로 옮
기고 지금은 복제한 종을 만
들어 전시해 놓았어요.

여기서 잠깐!

어느 길로 가야 할까요?

고려궁지로 들어가는 정문은 승평문이에요. 이곳에는 세 개의 길이 있어요.
각각 왕이 다니는 길과 문신이 다니는 길, 무신이 다니는 길이에요.
여러분이 왕이라면 어느 길로 가야 할까요? (   )

도움말 보통 왕은 가운뎃길로 다녔어요.
문신은 오른쪽, 무신은 왼쪽 길로
다녔고요.

☞ 정답은 112쪽에

① ② ③

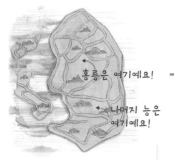

홍릉은 여기예요!

나머지 능은 여기예요!

개경으로 못 간 고려 시대 왕릉

강화도에는 두 개의 왕릉과 두 개의 왕비 능이 있어요. 고려 21대 왕인 희종의 석릉, 22대 강종의 비인 원덕 태후의 곤릉, 23대 왕인 고종의 홍릉, 그리고 24대 원종의 왕비인 순경 태후의 가릉이에요. 몽골을 피해 개경에서 강화도로 천도한 고려 고종을 중심으로 당대의 왕과 왕비들의 능이에요.

강화도를 벗어나지 못한 희종의 능, 석릉

석릉은 희종(재위 1204~1211년)의 능이에요. 희종은 신종의 장남으로 1204년에 왕위에 올랐어요. 당시 희종은 나라에 공을 많이 세운 무신 **최충헌**을 총애했어요. 이런 점을 이용해 최충헌은 권력을 함부로 휘둘렀어요. 결국 희종은 최충헌을 비롯한 최씨 무신 정권을 없애려고 마음먹게 되지요. 하지만 이를 눈치 챈 최씨 무신 정권은 오히려 희종을 쫓아 내고 강화 교동도로 유배를 보내 버렸어요. 쫓겨난 희종은 평생 강화도를 벗어나지 못하고 1237년(고종 24) 8월 용유도에서 숨을 거두어 석릉에 안장되었답니다.

고종 어머니의 능, 곤릉

곤릉은 강종(재위 1211~1213년)의 비 원덕 태후의 능으로 고려 고종의 어머니예요. 원덕 태후는 1239년(고종 26)에 세상을 떠나 이곳에 묻혔지요. 봉분과 **곡장**, 각종 석조물이 모두 없어지고 폐허가 된 것을 1974년에 강화군에서 다시 손질해 관리하고 있어요.

최충헌
고려 무신 정권의 실권자로, 1198년 만적의 난을 토벌해 공을 쌓았어요. 도방과 교정 도감을 설치해 나랏일을 감독했어요.

곡장
무덤 뒤에 둘러쌓은 나지막한 담을 말해요.

고려 고종이 묻힌 홍릉

홍릉은 고종(1213~1259년)의 능이에요. 고종은 아버지인 강종의 뒤를 이어 1213년에 왕위에 올랐는데, 몽골의 침입으로 고종 1236년(고종 23)에 강화도로 피난을 와서 1251년(고종 38)까지 지내면서 팔만대장경을 만들었지요. 그러다 1259년 왕위를 이을 태자를 몽골로 보낸 뒤 세상을 떠났어요. 그 뒤 능을 개경으로 옮기지 못하고 강화도에 그대로 두게 되었어요.

홍릉에서 바라본 강화도
지금은 제2단에 무인석 두 쌍이 남아 있고 원래 있던 석수는 없어졌어요.

원종의 왕비 순경 태후의 능, 가릉

가릉은 원종의 왕비인 순경 태후의 능이에요. 순경 태후는 장익공 김약선의 딸로 고종의 아들(후에 원종이 됨)과 결혼해 충렬왕을 낳았어요. 그러니까 순경 태후는 고종의 며느리인 셈이죠. 하지만 순경 태후가 언제 죽어서 이곳에 묻혔는지 정확히 알려지지는 않았어요.

제서
임금의 명령을 백성에게 알릴 목적으로 만든 문서를 말해요. 당시는 원나라에서 제서가 내려져야 공식적인 지위가 인정되었어요.

가릉
이곳에 묻힌 순경 태후는 1310년 원나라 무종이 특별히 제서를 내려 왕비로 지위가 올라갔어요.

강화도에서 시작된 하음 봉씨

강화도는 서울로 돌아가지 못한 왕들이 묻힌 한 맺힌 곳이지만 이곳에서 한 가문이 탄생하기도 했어요. 바로 하음 봉(奉)씨랍니다.

연못 가운데로 떠오른 돌함

1106년, 고려 예종 때였어요. 한 할머니가 연못에서 빨래를 하고 있는데, 하늘에서 우레 같은 소리가 나더니 오색구름이 연못을 감쌌어요. 그러더니 돌 상자 하나가 연못에서 떠올라 할머니 앞으로 밀려 왔어요. 할머니가 돌함을 열어보자 그 안에는 비단 보자기에 싸인 남자아이가 있었어요. 할머니는 이 아이를 왕에게 바쳤어요. 왕은 이 일을 신기하게 여겨 아이의 이름을 봉우라고 짓고 궁중에서 거둬 길렀어요. 아이는 유난히 총명하여 열 살에 과거에 합격했고, 뒤에 정승까지 올라 백성을 잘 다스렸대요.

봉천대 정자
봉천산 정상에는 강화를 한 눈에 내려다 볼 수 있는 봉천정이라는 정자가 있어요.

봉천대 약수
봉천대 오르는 길에 만나게 되는 약수예요.

봉천대
봉천산 정상에는 기념물 제18호로 지정된 봉천대가 있어요. 화강암을 다듬어 쌓은 정사다리꼴 모양으로, 밑변의 길이 7.2미터에 높이는 5.5미터랍니다.

봉우는 인종 임금 때 공을 세워 봉씨 성을 내려 받았어요. 그리고 돌함이 떠오른 지역을 본관으로 삼았어요. 그래서 이 지역의 이름은 '함'을 뜻하는 '하음'이 되었어요.

하늘에 제사 지내던 제단, 봉천대

고려 중엽, 봉우의 5대손인 봉천우는 봉씨의 발상지인 봉천산 정상에 제단을 쌓았어요. 시조 봉우는 하늘이 내려준 인물임에 틀림없으니 하늘에 제사를 지내어 감사한 마음을 전한 것이지요. 처음에는 이 봉천대에서 봉씨 가문만 제사를 지냈지만, 점차 나라에서 하늘 제사를 지낼 때도 이곳을 이용했고, 조선 시대에 이르러서는 연기를 피워 소식을 전하는 봉수대로도 사용되었어요.

할머니의 보살핌에 감사하는 절, 봉은사

봉은사는 봉씨의 시조 봉우를 처음 발견한 할머니의 은혜에 감사하기 위해 5대손인 봉천우가 지은 절이에요. 지금은 절터에 5층 석탑만 덩그러니 남아 있지요. 탑신과 옥개석, 기타 부재들이 주위에 흩어져 있던 것을 모아 1960년에 다시 세웠어요. 없어진 부재가 많아 제모습을 갖추지는 못했어요. 탑의 구조나 형태로 보아 원래는 5~6미터의 탑이었을 거라고 생각되지요.

봉은사 터에서 300미터쯤 떨어진 곳에는 석상각이라는 전각이 있어요. 그 안에는 석조여래입상이 모셔져 있지요. 이 입상은 할머니의 모습을 새겨 놓은 것이라고 해요.

강화 하점면 5층 석탑
5~6미터는 되었을 것으로 짐작되는 이 탑은 보물 제10호로 지정되어 있어요.

🏠 부재
구조물의 뼈대를 이루는 여러 가지 재료들을 말해요.

석상각(왼쪽)과 석조여래입상(오른쪽)
강화 하점면 석조여래입상이 모셔져 있는 석상각이에요. 온화한 미소가 특징이지요.

몽골과 끝까지 싸운 삼별초

강화도로 도읍을 옮긴 고려 조정은 1259년에 몽골에 무릎을 꿇고 말았어요. 그 때가 몽골의 여섯 번째 침입이었는데, 고려는 헤아릴 수 없을 만큼 피해가 컸답니다. 결국 고려 조정은 몽골과 전쟁을 끝내자는 조약을 맺을 수밖에 없었어요. 더 이상 버티다가는 백성들이 모두 죽거나 포로로 끌려 갈 상황이었으니까요.

그러나 몽골과 조약을 맺고 싸움을 멈춘 뒤에도 한동안 고려 조정은 강화를 떠나지 않았어요. 그러다가 1270년(원종 11)에 개경으로 돌아갔지요. 강화도로 피난온 지 39년 만의 일이었어요.

이 과정에서 삼별초는 조정의 항복에 반대하며 끝까지 싸우겠다고 버텼어요. 강화도 외포리에 망양돈대 바로 밑에 있는 〈삼별초군 호국 항몽 유허비〉가 바로 삼별초를 기념한 비랍니다.

삼별초의 항쟁
삼별초는 강화도에서 싸우다가 진도와 제주도로 본거지를 옮겨 가며 마지막까지 싸웠어요.

● 빨간색–삼별초 이동 경로
● 초록색–몽골 침입 경로

삼별초는 기습전과 게릴라전의 명수

삼별초는 몽골과의 전쟁에서 정규 군대가 무너지자 고려 군대를 대신해 적극적으로 싸웠어요. 날쌘 전술로 적의 뒷쪽이나 옆쪽에서 공격하면서 삼별초는 몽골군을 수시로 괴롭혔으며, 때로는 몽골군을 함정에 빠뜨려 맞섰던 일도 있었어요.

삼별초군 호국 항몽 유허비
강화도 외포리 망양돈대 아래쪽에 있어요.

三別抄軍護國抗蒙遺墟碑

우리는 끝까지 싸웠어!

강화도를 떠나는 1천여 척의 배

몽골과 싸우던 삼별초는 고려 조정이 몽골과 화의하자 끝까지 남아 싸우겠다고 뜻을 모았어요. 그래서 왕손인 승화후 온을 새 임금으로 삼고 행정기구를 개편한 뒤 관리도 새로 임명했지요. 이것은 몽골에 굴복한 원종 왕실을 인정하지 않겠다는 뜻이었어요. 이때가 1270년이었답니다.

그러나 개경에서 가까운 강화도에서 몽골에 대항해 싸우기란 무척 어려웠어요. 그래서 삼별초는 진도로 내려가 계속 싸우기로 결정했지요. 이때 이동한 배가 1천여 척에 이르렀다고 해요. 이는 삼별초의 숫자가 수천에 이르렀고, 개경으로 돌아가지 않고 삼별초에 가담한 사람들도 많았음을 증명하는 것이에요.

진도로 내려간 삼별초는 배중손을 중심으로 끝까지 싸웠지만 고려와 몽골의 연합군이 진도를 공격하자 다시 제주도로 본거지를 옮겨야만 했어요. 고려 왕실을 인정하지 않고 따로 왕을 세웠으니 반역을 꾀한 셈이지요. 그러니 고려와 몽골이 함께 삼별초를 칠 수밖에 없었지요. 김통정을 비롯한 70여 명은 한라산에 들어가 끝까지 싸우다가 자결했답니다. 그 때가 1273년이었어요. 이렇게 해서 4년에 걸친 삼별초의 항쟁은 끝이 나고 말았어요. 삼별초는 몽골의 침략으로부터 자주성을 지키려는 고려인의 기상을 유감없이 보여 주었지요.

삼별초가 뭐지?

삼별초는 좌별초, 우별초, 신의군 3개 별초군을 모두 합쳐 부르는 것이에요. 하지만 삼별초가 처음부터 이렇게 편성된 것은 아니었어요. 1219년(고종 6) 최충헌의 무신 정권을 이어받은 최우가 '나라 안에 도둑이 들끓는다.'라고 하면서 지금의 경찰 조직과 비슷한 별초라는 군사 조직을 만들었지요. 주로 밤에 활동한다고 해서 이를 야별초라고 불렀는데, 별초란 '용사들로 조직된 선발군'이라는 뜻이에요. 그 뒤 야별초의 수가 늘고 규모가 커지자 좌별초와 우별초로 나누었고 몽골에 포로로 잡혀갔다가 탈출한 병사들이 다시 신의군을 조직했어요. 삼별초는 좌별초와 우별초, 그리고 신의군을 합한 것을 말하지요. 삼별초가 구성된 것은 최씨 정권이 몰락하기 직전이에요.

화의
화해하는 것을 말해요.

삼별초 모형이네.

배가 1천여 척에 이르렀던 삼별초
강화도를 떠나는 모습을 표현한 모형으로 강화역사박물관에 전시되어 있어요.

우리는 도적 잡는 군대다!

삼별초에 대한 새로운 견해

그런데 요즘은 삼별초에 대해 보는 관점이 조금 달라졌어요. 삼별초를 처음 만든 사람은 최우예요. 최우는 나라 안에 들끓는 '도적'을 잡기 위해서 삼별초라는 군대 조직을 만들었어요. 그런데 여기서 '도적'이란 누구를 가리키는 말이었을까요? 최우가 잡고자 한 도적들이란 오랜 기간 무신 정권의 횡포에 시달려 먹고살기 힘들어 **봉기**를 일으킨 백성들이었어요. 그러니 삼별초는 백성을 괴롭히던 무신 정권을 지키면서 무신 정권에 반대하는 사람들을 잡기 위한 조직이었지요. 한마디로 무신 정권의 하수인이었던 셈이에요.

그러니 개경으로 돌아가 봤자 신변이 위험하니까 차라리 섬에 남아서 끝까지 버틴 것이 아니냐는 짐작도 나오는 것이지요. 역사란 보는 사람들의 관점에 따라 다양하게 설명될 수 있어요. 그러니 역사를 전체적으로 보는 눈을 길러야 하겠지요.

 봉기
지배자의 힘에 대항해 일반 백성들이 힘을 모아 대적하는 것을 뜻해요.

여기서 **잠깐!**

삼별초에 대해 알아보아요.

삼별초와 관계가 없는 내용을 다음 보기에서 고르세요. (   )

보기

1. 몽골에 대항해 싸우다 강화도에서 모두 항복하였다.
2. 마지막 본거지는 제주도였다.
3. 고려의 정규 군대가 아닌 무신들이 만든 군대였다.
4. 고려와 몽골 연합군에게 패배했다.

도움말 삼별초는 강화도에서 진도, 제주도로 본거지를 옮겨 가며 몽골군에 대항했어요.

정답은 112쪽에

몽골은 왜
강화도를 침략하지 못했을까?

몽골이 강화도를 침략하지 못한 가장 큰 이유는 강화도의 자연환경 때문이에요. 몽골은 드넓은 평원을 달리며 옮겨 다녔던 유목민으로, 말 타고 싸우는 전투에서는 당할 자가 없을 만큼 막강했지만 물을 무서워해서 비조차도 싫어했다고 해요. 이런 민족에게 바다 한가운데에 떠 있는 섬인 강화도는 쳐다보기도 싫은 자연 요새였겠지요.

또한, 서해안은 갯벌이 많아요. 갯벌은 밀물과 썰물에 따라 모습이 달라지기 때문에 주변 지리와 물의 흐름을 잘 알지 못하면 배를 띄우기가 매우 곤란해요. 당시 강화도의 앞바다는 지금보다 더 구불구불한 해안선이었어요. 몽골군은 바다 그 자체보다도 강화도의 갯벌을 더 무서워했는지도 몰라요.

강화도가 굳건히 버틸 수 있었던 데에는 몽골의 사정도 한몫했어요. 당시 몽골은 서쪽으로 유럽까지 넓힌 땅을 돌보아야 했으며 중국 내지에서는 금나라를 멸망시킨 데 이어 남송을 공격하는 데에 힘을 많이 써 버렸거든요.

마지막으로 중요한 이유는 고려의 백성 때문이에요. 고려의 백성들은 가족과 땅을 지키기 위해 맨주먹으로 일어섰어요. 농민은 농민군을 조직하고, 천민들은 천민군을 조직하며 저항했지요. 그렇게 해서 고려는 몽골의 침입에 맞서 28년 동안이나 끈질기게 버텼어요. 몽골의 장수는 고려 백성들의 질긴 저항에 혀를 내둘렀답니다.

몽골군은 강화도의 갯벌을 무서워했을 거야.

몽골도 영토 싸움을 너무 많이 해서 지쳐 있었대.

팔만대장경을 만든 곳, 선원사

삼별초가 몽골에 대항해 끝까지 싸웠다면, 팔만대장경은 몽골에 대항한 고려인들의 저항 정신을 보여 준 대표적인 유물이에요. 팔만대장경이 몽골의 침입과 무슨 관계가 있는지 한번 알아볼까요?

해인사에는 국보 제32호로 지정된 팔만대장경이 있어요. 오랜 세월이 지났어도 뒤틀리거나 변하지 않아 우리나라의 정교한 인쇄술을 엿볼 수 있는 목판이에요. 사실 이 팔만대장경은 몽골의 침입을 부처님의 보살핌으로 이겨 내기 위해서 16년 동안 만든 것이랍니다.

원래 팔만대장경은 강화도 선원사에서 만들어졌어요. 선원사는 고려가 몽골과 싸우던 시절, 최우가 만든 고려 최대의 절이에요. 당시 선원사에는 금으로 만든 불상이 500

2007년 복원 중이던 선원사 유물전시관
선원사지에서 출토된 유물과 대장경 판각 과정
이 전시되어 있어요.

선원사지
옛날의 선원사는 없어지고, 빈 터만 덩그러니 남아 있어요. 현재 발굴 작업이
진행 중인데, 유물들이 많이 발견되고 있어요.

여 개나 있었고, 송광사와 더불어 고려의 2대 사찰로 손꼽히는 절이었으니 그 규모가 짐작이 되지요.

현재는 고려 시대 세워졌던 선원사 건물은 모두 없어지고 길이 250미터, 폭 170미터가량의 터만 남아 있어요. 여기서 보상화문전, 막새기와, 치미 등의 유물이 출토되어 옛 선원사의 흔적을 보여 주고 있지요. 지금 이곳에는 작은 유물전시관에 대장경의 판각 과정과 인출 장면 등이 사진과 글로 전시되어 있어요. 완성된 팔만대장경은 현재 경상남도 합천에 있는 해인사에 잘 보관되어 있답니다. 그럼, 대장경에 대해 좀 더 자세히 알아볼까요?

숫자로 보는 경판

먼저 '대장경'이란 말의 뜻부터 알아보아요. 대장경이란 부처님의 말씀을 모아 써 놓은 불교 경전이에요. 부처님의 가르침이 담겨 있으니 단순한 책이 아니라 경전 그 자체로도 아주 귀중한 것이지요.

보상화문전
사람이 다니는 길이나 건물의 바닥에 깔았던 궁궐의 장식용 무늬 벽돌이에요.

막새기와
무늬가 새겨진 기와의 한 종류예요.

치미
전각이나 문루 등 전통 건물의 용마루 양쪽 끝머리에 얹는 상징적인 장식물을 말해요. 보통 망새라고 하지요.

여기서 **잠깐!**

팔만대장경판에 옻칠을 해야 해요.

대장경판이 완성된 뒤 옻칠을 하려고 해요. 옻칠은 방부, 방충, 방수 효과가 뛰어나 경판을 오래 보존할 수 있게 하거든요. 아래의 문제를 읽고 팔만대장경판 전체를 칠하는 데 드는 옻의 양과 옻나무의 수를 구해 보아요.

보기

1. 대장경판 한 판을 칠하는 데 옻 5그램이 필요하다면 대장경판 전체를 칠하는 데에는 (   )킬로그램이 필요합니다.
2. 하루 채취량이 150그루에 400그램이면, 옻나무는 총 (   ) 그루가 필요합니다.

도움말 팔만대장경의 경판의 수는 모두 8만 장이에요.

☞ 정답은 112쪽에

이 대장경을 만들기 위해 나무에 부처님의 말씀을 새긴 것을 '대장경판'이라고 해요. 우리가 늘 얘기하는 '팔만대장경'은 사실 '팔만대장경판' 또는 '팔만대장경 경판'이라고 불러야 정확한 표현이에요.

'팔만대장경'이라고 할 때 8만이라는 숫자는 단순히 대장경의 권 수나 글자 수만을 뜻하는 것이 아니에요. 그것을 새긴 경판의 수가 약 8만 장이라는 뜻이에요. 정확히는 8만 장이 조금 더 되는데, 불교에서는 '많다'는 뜻을 나타낼 때 '8만'이라고 한답니다. 경판의 수가 어마어마하게 많으니 '8만'이라고 한 것이지요.

16년에 걸쳐 만들었어요

글씨를 잘 새기는 장인이 하루에 새길 수 있는 글자가 약 30~50자라고 해요. 경판은 양면에 모두 글씨가 새겨져 있어요. 이렇게 치면 경판 한 장에 양면으로 644자의 글자가 새겨져 있으니, 한 장을 새기려면 13일에서 21일이 걸리는 셈이지요. 팔만대장경 전체 글자 수가 약 5천200만여 자이니 하루 평균 40자를 새긴다고 하면, 동원된 장인의 수는 무려 131만 명에 이르지요.

팔만대장경 만드는 과정

부처님의 도움으로 나라를 구하게 되길 바라며 정성을 다해 대장경판을 만들었답니다.

1. 재질이 단단해 잘 뒤틀리지 않는 산벚나무나 돌배나무를 베요.

2. 습기에 잘 견디게 하기 위해 3년 동안 바닷물에 담가 둬요.

3. 썩거나 뒤틀리는 것을 막기 위해 소금물에 삶은 뒤, 말려요.

대장경판
2007년 6월에 열린 유네스코 제8차 세계기록유산 자문위원회는 고려 대장경판을
세계기록유산으로 등재시키기로 결정했답니다.

이렇게
제작했단다.

그 외에도 나무를 베고 운반하는 데만도 해마다 8만~12
만 명이 필요했어요. 준비 기간까지 합쳐 16년을 작업했으
니 팔만대장경을 만드는 일에 고려 조정은 막대한 돈을 쏟아부은 셈이
에요. 그 돈은 세금으로 충당했으니 백성들에게서 나왔다고 할 수 있
어요. 그러니 백성들의 생활이 얼마나 어려웠을지 짐작이 가지요.

이것이 결국 고려라는 나라가 망하게 된 간접적인 원인이 되기도 했
답니다.

팔만대장경판 판각 모형
장인 한 명이 한 장을 새기는
데만도 2~3주가 꼬박 걸렸
어요. 경판을 판각하는 이 장
면은 강화역사박물관에 전시
되어 있어요.

4. 경판 크기로 다듬어, 베껴 쓸 종이를 뒤
   집어 붙여요.

5. 평평한 나무판에 글씨가 도드라지도록
   판각해요.

6. 금속판을 귀퉁이에 박고 옻칠을 해요.

고려 시대 최고 문장가, 이규보

팔만대장경을 말할 때 빼놓을 수 없는 문장가가 있어요. 바로 고려 시대가 낳은 최고의 **문호** 이규보예요. 이규보가 팔만대장경의 기원문인 〈대장경각판군신기고문〉을 지었거든요. 이규보는 어릴 때 개경에서 살았는데, 몽골군에 대항하여 싸우기 위해 강화도에 들어왔어요. 강화도에서는 이규보의 묘가 있어요. 전등사 가는 길에 묘가 있지요.

이규보의 어릴 때 이름은 '인저'였으며 신동이라 불리던 똑똑한 소년이었어요. 하지만 학문을 게을리하다가 **사마시**에 계속 떨어졌어요. 그러다 스물두 살에 규성이라는 신이 꿈에 나타나 과거에 장원급제할 것을 미리 알려 주었답니다. 그래서 이름을 '규성이 알려 주었다.'라는 뜻의 규보로 고치고 장원을 하였어요. 시와 술, 거문고를 좋아해 '삼혹호'라 불리기도 했지요. 몽골의 침략으로 백성들이 고통을 받자 몽골 황제에게 글을 지어 보냈는데, 이규보의 글에 감복한 몽골 황제가 스스로 군사를 물러나게도 하였다는 일화도 전해지고 있어요. 수많은 글과 동명왕편을 담은 **동국이상국집**이라는 문집을 남겼어요. 이규보 선생이 남긴 문학 작품은 우리나라 고대사 연구에 중요한 자료가 되고 있지요.

문호
뛰어난 문학 작품을 많이 써서 알려진 사람을 뜻해요.

사마시
고려 시대 생원과 진사를 뽑는 과거 시험이에요.

동국이상국집
고려 시대에 활자로 인쇄했고 국문학에 관한 기록이 많아요. 53권 14책으로 되어 있어요.

이규보묘
이규보의 묘는 진강산 기슭에 있어요.

세계 최초의 금속 활자

1438년에 독일의 구텐베르크는 금속 활자를 만들어 성서를 찍었어요. 그래서 오랫동안 서양 사람들은 구텐베르크의 금속 활자가 세계 최초라고 생각했지요.

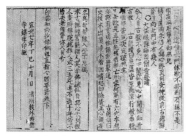

《직지심체요절》

그런데 고려 시대에 찍은 금속 활자본이 더욱 오래 되었다는 것이 밝혀졌어요. 1377년 충북 청주 흥덕사 에서 찍은 《직지심체요절》이 바로 그것이랍니다. 《직 지심체요절》은 1887년 조선과 프랑스가 통상 조약을 체결한 이후 조선에 머물던 프랑스 외교관이 프랑스로 돌아갈 때 가져갔어요. 그 뒤 프랑스 국립박물관에 보 관되어 오다가, 1972년 '세계 도서의 해'를 기념하여 열린 전시회에서 세계 최초의 금속 활자임을 인정받았어요. 그러니까 구텐베르크보다 61 년이나 앞선 것이지요.

하지만 이보다 더 앞선 것이 있어요. 바로 《상정고금예문》이에요. 이 책은 고려 인종 때 최윤의 등이 엮은 것으로 50권으로 되어 있어요. 이를 최충헌이 2부를 만들어서 하나는 자기 집에, 하나는 중앙 행정 기관의 하나인 예관에서 보관하였어요. 그런데 몽골의 침입 으로 급히 강화도로 오면서 예관에서 미처 가져오지 못한 것은 불에 타 버리고, 최씨 집 안에 보관하던 1부만이 남았답니다. 그나마도 표지가 떨어지고 낡아버리자, 강화도에서 금속 활자를 이용해 28부를 찍어내어 여러 관서에 나누어 주며 간직하게 했지요. 하지만 현재 남아 있는 것이 없으니 증거가 없는 셈이에요. 참으로 안타까운 일이지요.

다만 고려 시대의 학자 이규보가 《동국이상국집》에서 《상정고금예문》을 금속 활자로 28 부 인쇄했다고 밝히고 있어요. 이를 기준으로 하면 이미 1234년에 금속 활자로 인쇄를 했음을 알 수 있어요. 독일의 구텐베르크보다 204년이나 앞선 것이에요.

강화에서 만들었던 《상정고금예문》은 서양보다 204년이나 빨랐던 금속 활자 인쇄본이 랍니다.

조선 시대의 강화도

한양을 지키는 군사 위성 도시

태조 왕건이 고려를 세운 뒤 34대 475년 동안 이어 오던 고려 왕조는 1392년 7월 17일 개경의 수창궁에서 태조 이성계가 왕위에 오르면서 조선 왕조로 바뀌지요. 태조 이성계는 한양으로 수도를 옮기고 나라 이름을 조선으로 정했어요.

조선 시대에 들어와서도 강화도는 여전히 싸움이 그치지 않는 역사의 현장이 되었어요. 특히 임진왜란과 병자호란 등의 전쟁을 겪게 되자 조선은 한양을 지키기 위해 군사 위성 도시를 구성해요. 군사 위성 도시란 군대를 한양 주변 도시에 배치하는 것이에요. 그래야 적이 공격해 와도 한양이 쉽게 함락되지 않기 때문이지요. 북쪽으로는 개성, 남쪽으로는 수원, 동쪽으로는 경기도 광주, 그리고 서쪽으로는 강화도가 군사 위성 도시가 되었어요.

병자호란이 일어난 다음에 효종은 북쪽을 공격하기 위해 강화도에 진보*를 설치하는 등 방비를 강화했어요. 효종의 사업은 숙종 때까지 계속되어 내성, 외성, 12진보, 53돈대* 등이 축조되어 강화도는 더욱 탄탄한 군사적 요새가 된답니다. 이러한 시설은 근대에 들어서면서 한양으로 향하려는 다른 나라의 침략에 방패막이 구실을 톡톡히 해냈지요.

*진보: 진과 보를 말해요. 진은 군사들이 대오를 배치한 것 또는 그 장소를 말해요. 보는 진과 거의 비슷한 것으로 흙과 돌로 쌓은 작은 성이었어요.
*돈대: 평지보다 높직하고 두드러지게 쌓은 둔덕으로 진보와 함께 군사 요새를 이뤘지요.

여기예요!

한양을 굳게 지켜라

조선 시대에 들어서면서 강화도는 한양을 지키는 군사 위성 도시가 되어 그 지위가 한층 더 높아졌어요. 따라서 강화도에 강화 유수부를 두고 그 곳 지방관에게는 유수로 높여 주어 당시 최고 의결기구인 **비변사**에 참여할 수 있는 권한을 주었지요. 더구나 강화도에는 서해를 지키기 위한 수군 통제권도 있었으니 그 지위가 매우 높았답니다.

조선 시대 관아 강화 유수부

고려궁지에는 조선 시대의 모습을 볼 수 있는 건물이 있답니다. 고려 시대 궁궐의 울타리였으며 정문이었던 승평문을 들어서면 반듯한 모양새의 옛 건물이 보이지요? 이곳은 명위헌이랍니다.

명위헌은 조선 시대 **강화 유수**가 집무하던 동헌이에요. 보통 동헌 건물에는 툇마루가 있는데 이곳 명위헌에는 없어요. 동헌은 사또가 툇마루 의자에 앉아 뜰 아래 엎드린 죄인을 재판하던 곳이지요.

비변사
조선 시대에 군대에 관한 일을 맡아 보던 관아예요. 임진왜란 이후에는 의정부를 대신하여 정치의 중심이 되었어요.

강화 유수
강화 유수는 지금의 강화군수와 비슷한 지위이기는 하지만 그보다 격이 훨씬 높은 도지사와 비슷한 권한을 주었어요.

조선 시대의 관아
관아에는 왕의 위패를 모셔 두는 객사가 있었고 향청(고을 양반들의 대표적인 좌수와 별감이 있는 곳)과 질청(아전들의 근무처)이 있었지요. 또 군기청이라 하여 군사 업무를 맡고 무기를 보관하는 곳과 관노청(기생과 노비가 있던 곳)이 있었어요.

이방청
조선 중기의 이방청 건물이에요. 조선 효종 5년(1654)에 유수 정세규가 세웠는데 여러 차례 고쳐서 옛날 관청의 모습을 잘 알 수는 없지만 조선 시대 지방의 이방청을 알 수 있는 귀중한 자료랍니다.

사또와 아전이 관청에서 일했지요.

명위헌 옆 서쪽 건물은 이방청이에요. 사극 촬영 때 자주 보는 이 방청보다 조금 큰데 아마 별도의 용도가 더 있었던 듯해요.

결국 고려궁지에 있던 고려의 궁궐은 온데간데없고 조선 시대 관아가 들어서 있으며 그것도 동헌과 이방청만 남아 있네요.

강화에 지은 왕립 도서관, 외규장각

복원된 외규장각
고지도에 기록된 외규장각 그림에 따라 외규장각이 1977년에 복원되었어요.

조선 제22대 임금 정조는 학문을 몹시 사랑했었어요. 그래서 1776년 창덕궁 후원에 규장각을 지어 역대 선왕의 초상이나 친필, 인장 등을 보관했지요. 규장각은 왕립 학술원이자

강화문화원 제공

고지도에 기록된 외규장각

🎩 **친필**
손수 쓴 글씨예요.

🎩 **인장**
도장을 말해요.

왕립 도서관이며 출판 기관이라고 할 수 있어요.

그러다 5년 뒤인 1781년에는 왕실과 관련된 중요한 서적을 보관하기 위해 고려궁지에 외규장각을 설치했어요. 규장각의 창고 같은 성격이었는데, 규장각에 보관된 자료보다 더 중요한 자료가 많았답니다. 어람용 의궤 같은 것은 대부분 외규장각에서 보관했으니까요.

그러면 정조는 이렇게 귀중한 물건들을 왜 강화도에 보관했을까요? 강화도는 이미 고려 시대 몽골군에 맞서 28년 동안 싸운 역사가 있었으며, 난리가 날 때마다 왕들의 피난처이기도 했으니 믿을 만하다고 판단했던 것이지요.

어람용 의궤
'왕실 중요 행사의 기록부'라 할 수 있는데 세자 책봉이나 왕의 결혼 그리고 제사나 장례의 절차 등을 그림을 곁들여 기록한 것이지요. 어람은 임금이 직접 열람하는 것을 말해요. 왕이 보는 것이니 일반 의궤보다 더욱 정성스럽게 만들었어요. 비단 표지에 여러 가지 화려한 장식을 넣어 아름답게 꾸몄지요.

외규장각 도서 반환 운동

　외규장각 도서의 수는 점차 늘어나 1866년 병인양요가 일어나기 직전에는 1,042종 6,130책에 이르렀어요.

　그런데 1866년에 병인양요가 일어나 프랑스군이 쳐들어왔어요. 그들은 조선에서 물러날 때에 마을에 불을 지르고 건물을 부수고 사람을 죽였지요. 그것도 모자라 도망을 가면서 외규장각에 있는 천체 기계, 옥쇄, 은괴 19상자, 도서 345권 등의 보물을 훔쳐 달아났어요. 게다가 340종을 제외한 나머지 수천 권의 중요 도서에는 불을 질러 잿더미로 만들었지요.

　현재 프랑스가 훔쳐 간 문화재와 책들은 프랑스 국립박물관에 있답니다. '의궤' 말고도 태조 때 만든 〈천상열차분야지도〉라는 별자리 지도, 세계에서 가장 오래된 금속 활자본《직지심체요절》, 신라 승려 혜초의 인도 여행기《왕오천축국전》의 필사본 등을 마치 자기네 나라의 보물이 양 끌어안고 있지요.

　현재 많은 사람들이 외규장각 도서 반환 운동을 벌이고 있어요. 온 국민들이 외규장각 도서 반환 운동에 관심을 가지고 지속적인 운동을 펼쳐야 할 거예요.

외규장각 도서 반환을 위한 연등 행사
도둑맞은 우리 문화재를 하루빨리 프랑스로부터 돌려받아야 해요. 그러기 위해서는 온 국민이 우리 문화재에 대해 관심을 가지고 있어야겠지요.

역사 인물들의 유배지

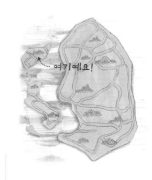

여기예요!

　강화도는 역사 속 유명한 인물들이 유배를 갔던 곳으로도 잘 알려져 있어요. 서울에서 가까워서 왕족이나 지배 세력에 걸림돌이 되는 이들을 감시하기 편했기 때문이에요. 사실 정쟁에서 패한 인물은 한양에서 먼 곳으로 보내졌답니다. 우리가 잘 아는 다산 정약용이나 추사 김정희는 전남 강진이나 제주도로 유배를 갔어요.

🏛️ 정쟁
정치에서 권력을 차지하기 위해 다투는 것을 뜻해요.

　그러나 왕권을 지키는 데 매우 위협이 되는 왕족이나 그에 맞먹는 사람들은 가까우면서도 완전히 차단할 수 있는 곳으로 보낼 수밖에 없었어요. 그래야 무엇을 하는지 감시할 수 있으니까요.

　이렇게 볼 때 한양에서 이틀밖에 걸리지 않고 바다 가운데 떠 있는 섬인 강화도는 왕족들의 유배지로 제격이었지요.

연산군의 화상을 봉안하고 제사를 지내는 부근당

　그렇게 강화도로 유배간 왕족들은 대부분 유배지에서 쓸쓸히 생을 마감했답니다. 강화도 교동도에 서서 바다를 바라보면 그들의 슬픈 운명이 느껴지는 듯해요.

한양과 가까운 곳에 위치하고 있었기 때문에 유배지로 이용되었던 강화도. 강화도에 유배되어 죽을 때까지 그 곳에 살았던 왕족도 있었어요.

왠지 쓸쓸함이 느껴지는 것 같아.

강제로 왕의 자리를 내놓았던 연산군

당시 강화도에 유배되었던 대표적인 인물로 연산군을 들 수 있어요. 연산군은 중종 반정으로 왕의 자리에서 쫓겨나 강화도 교동으로 유배되었다가 2개월 뒤 31세의 나이에 죽었답니다. 그래서 교동에 가면 연산군이 유배되었을 때 살았던 집터와 사용하던 우물이 남아 있어요. 가까이에 있는 부근당에는 연산군과 그 부인 신씨의 화상이 모셔져 있지요.

연산군 집 앞에 남아 있는 우물

🏯 중종 반정
1506년(인조 12) 성희안, 박원종 등이 연산군을 폐하고 진성대군을 왕으로 올린 사건을 말해요.

강화도로 유배된 연산군
강화도 교동면 일대에는 조선 시대 연산군이 중종 반정으로 폐위되어 이곳으로 옮겨졌다가 1506년에 죽은 연산군의 적위지가 남아 있어요.

당쟁의 희생양이 된 광해군

조선의 15대 임금이었던 광해군(1575~1641)도 강화도로 유배되었어요. 광해군은 명과 금나라 사이에서 균형 있는 외교를 펼쳤지만, 당쟁에 휩쓸려 인조 반정으로 폐위되었어요.

강화도에서 광해군의 아들과 며느리는 스스로 목숨을 끊었고 광해군의 부인은 병으로 죽었어요. 하지만 광해군은 이괄의 난(1624년)이 일어나자 태안으로 보내졌다가 강화도로, 다시 강화도의 북서쪽에 있

🏯 인조 반정
1623년(인조1) 광해군을 몰아내고 능양군을 위해 올린 사건을 말해요.

는 교동도로 유배되었고, 마지막에는 제주도에서 **위리안치**된 가운데 18년 동안 유배 생활을 하다 죽었답니다.

위리안치
죄인이 귀양지에서 달아나지 못하도록 집 둘레에 가시로 울타리를 치고 그 안에 가두어 두던 일을 말해요.

당대의 명필, 안평대군

세종대왕의 셋째 아들인 안평 대군은 둘째 형인 수양 대군(세조)이 즉위하는 과정에서 희생된 인물이에요. 시, 그림, 가야금에 능하고 글씨가 뛰어나 당대의 명필로 꼽혔지만 왕의 자리를 넘볼 수 있다 하여 세조를 받들던 신하들이 강화도로 유배시켰답니다.

강화도에 유배되었던 그 밖의 사람들

고려 시대에는 희종과 충정왕 그리고 우왕, 창왕이 모두 강화도로 유배되어 살았거나 생을 마감하기도 했고, 조선 시대에는 안평 대군 외에도 조선 제16대 임금인 인조의 동생 능창 대군이 유배되었답니다. 이렇게 강화도는 권력에서 밀려난 왕족들의 유배지로 이용되었어요.

여기서 잠깐!

유배를 당한 인물과 관계 있는 사건은?

유배를 당한 인물들이 어떤 사건과 관계 있는지 서로 연결해 보아요.

연산군 •   • 인조 반정

광해군 •   • 중종 반정

안평 대군 •   • 세조 즉위

☞ 정답은 112쪽에

청나라 태종에게
아홉 번 절한 인조

인조가 나라를 다스리던 1636년, 중국 땅에서는 후금이 힘을 키워 이름을 청으로 바꾸고 조선에게 신하 나라가 될 것을 요구했어요. 이를 조선이 받아들이지 않자 이것을 핑계삼아 청나라 태종은 12월에 10만 대군을 이끌고 조선에 쳐들어왔어요. 이를 병자호란이라고 해요. 병자년에 오랑캐가 쳐들어왔다는 뜻이지요.

9년 전인 정묘호란 때에 후금의 침입을 피해 강화도로 피신한 적이 있는 인조는 병자호란이 일어나자 강화 유수 장신에게 강화도를 튼튼히 지키라는 명령을 내리고는 봉림대군과 왕세자의 맏아들인 원손을 강화도로 피신시켰어요.

그러나 나라가 이렇게 위급한데도 조정에서는 '청나라 군대와 맞서 싸워야 한다.'는 척화파와 '화친을 해야 한다.'는 주화파로 갈라져 입씨름만 하고 있었지요.

다음 날 새벽 인조도 급히 강화도로 떠나려 하였으나 밤새 내린 눈으로 길이 막히고 말았어요. 결국 인조는 소현 세자와 함께 1만 4,000여 명의 군사를 이끌고 남한산성으로 피난을 가야 했지요.

전쟁은 조선에게 계속 불리해져 마침내 청군은 수만의 대군으로 산성을 에워싸고 인조에게 성 밖으로 나와 항복하도록 위협했어요.

"날씨는 점점 더 사나워지고 군량미는 50일치밖에 안 남았습니다."

"언제까지 버틸 수 있겠는가? 대신들은 무슨 대책을 내놓으시오."

상황은 이렇게 위급했지만 성 안에서는 척화파와 주화파가 서로 대립한 채 별다른 전술을 내놓지 못하고 있었어요.

결국 인조는 성문을 열고 청국의 주둔지인 삼전도(오늘날 송파구)로 가야만 했어요.

그곳에는 청 태종이 용상에 앉아 인조를 거만하게 내려다보고 있었지요.

"황제 폐하! 천은이 망극하오이다."

침략 한 달여 만인 1637년 1월 30일. 인조는 청 태종 앞에 무릎을 꿇고 얼어붙은 땅에 이마를 아홉 번 찧으며 청 태종에게 술잔을 높이 들어 올리는 굴욕을 당했어요. 이때 인조의 이마에서는 피가 흘러내렸다고 해요.

전쟁에서 이긴 청 태종은 소현 세자와 봉림 대군, 여러 대신들을 볼모로 하여 청나라로 돌아갔어요. 그러고도 모자라 수십만의 조선 백성들을 끌고 가며 해마다 청나라에 조공을 바칠 것을 명령했지요. 한 나라의 임금이 다른 나라의 임금 앞에 무릎을 꿇는 것만큼 치욕스러운 일이 있을까요? 청 태종은 이 승리를 기념하는 공덕비를 세우라고 명령했어요. 그래서 인조 임금은 삼전도에 〈삼전도청태종공덕비〉를 세워야만 했어요. 이렇게 치욕스럽게 세워진 〈삼전도청태종공덕비〉의 앞면에는 한문, 뒷면에는 만주문·몽골문이 번역되어 새겨져 있는데, 하나의 비 안에 세 나라의 문자가 들어 있는 비석으로는 유일하답니다. 그 비석은 패배와 치욕의 역사를 잊지 않기 위해 지금까지도 사적으로 보호하고 있어요.

삼전도청태종공덕비(앞뒷면)
비문은 조선이 청나라의 은혜를 모르고 어리석음에 빠져 있다가 다시 청 태종의 은혜를 입어 깨우침을 받고 평화를 얻게 되었다는 내용이에요.

여기예요

철종이 살았던 곳, 용흥궁

강화 읍내에는 용흥궁이 있어요. 용흥궁은 조선 시대 말 철종이 왕위에 오르기 전에 살았던 집이에요. 철종은 1850년 왕위에 올라 1863년에 세상을 떠난 조선 제25대 왕이지요. 정상 법통이 아닌 다른 사정으로 인해 임금의 자리에 오른 사람이 임금이 되기 전에 살던 집을 '잠저'라고 하는데, 용흥궁은 바로 철종의 잠저랍니다. 이 집에서 철종은 열아홉 살까지 살았어요.

그러면 정상 법통이 아닌 철종이 어떻게 왕위에 오르게 되었을까요?

당시는 안동 김씨의 세도 정치가 나라를 흔들던 시대였어요. 철종은 정조의 아버지 사도 세자가 두 번째 부인에게서 얻은 은언군의 손자였어요. 서로 권력을 차지하려는 틈바구니에서 왕위에 오르지 못한 왕족의 혈통은 목숨이 위태로웠어요. 그래서 원범(철종의 본명)은 왕족

세도 정치
임금의 위임을 받아 정권을 잡은 사람과 그를 따르는 세력에 의해 이루어졌던 조선의 정치를 말해요.

용흥궁 현판

용흥궁
팔작지붕은 맞배지붕과 함께 우리나라 가옥에 가장 많이 쓰이는 지붕의 형태랍니다. 또 홑처마 주심포집은 전통 목조 건축 양식의 하나로, 건물 내부에 기둥이 없는 넓은 공간을 만드는 데 적합해요. 용흥궁이 바로 팔작지붕에 홑처마 주심포집이에요.

임금이 되기 전에 살던 집을 '잠저'라고 해.

이라는 사실을 숨기고 살아야만 했지요.

그러나 조선 24대 임금이었던 헌종이 아들 없이 세상을 떠나자 결국 원범이 임금의 자리를 이어 받게 되었답니다.

왕위에 오른 철종은 일반 백성으로 지내던 어린 시절을 생각하여 백성들을 위한 정치에 힘을 썼지만, 안동 김씨 세력과 간신들의 방해, 그리고 병으로 인해 젊은 나이에 죽고 말았어요. 이때가 재위 14년, 당시 철종의 나이는 33세였는데 왕위를 이을 아들도 남기지 못했지요.

철종조잠저구기비각
철종이 왕위에 오르기 전 이곳에서 살았음을 알려 주는 비석이 세워져 있는 비각이에요.

1863년 철종이 창덕궁 대조전에서 승하하자 신정대비는 옥새를 가져가 12세의 고종을 인정전에서 즉위시켰어요. 이는 신정대비와 흥선 대원군(고종의 아버지)의 결탁으로 이루어진 것이었으니 그 뒤로 조선은 흥선 대원군의 세상이 되었지요.

대부분의 잠저는 대개 왕위에 오른 뒤에 다시 지어요. 용흥궁도 원래는 초가였으나, 1853년(철종 4)에 강화 유수 정기세가 지금과 같은 집을 짓고 용흥궁이라 했어요. 좁은 골목에 대문이 있고 조선 시대 살림집의 유형을 잘 갖추고 있는 집이에요.

집은 팔작지붕에 홑처마 주심포집이며 인천유형문화재 제20호로 지정되어 있답니다. 또 철종이 살던 바로 그 자리임을 나타내는 '철종조잠저구기'라고 새겨진 비석과 비각이 세워져 있어요.

재위
임금의 자리에 있음을 뜻하지요.

옥새
국전의 상징으로, 국가적 문서에 사용한 임금의 도장이에요. 옥으로 만든 국새라 하여 옥새라고 하지요.

인정전
창덕궁의 중심 건물인 정전이에요.

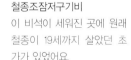
철종조잠저구기비
이 비석이 세워진 곳에 원래 철종이 19세까지 살았던 초가가 있었어요.

71

왕족임을 숨겨야 했던 철종

원범이 왕족의 자손임을 숨기고 살았던 데에는 그만한 사연이 있었어요. 그 사연은 영조 때까지 거슬러 올라가지요. 영조의 아들 사도 세자가 뒤주 속에 갇혀 죽고 나서 사도 세자의 아들인 정조가 세손이 되었어요. 그러자 사도 세자를 죽게 했던 사람들은 정조가 아버지에 대한 복수를 할까 봐 벌벌 떨었지요. 그러면서 한편으로는 왕실의 자손 가운데 다른 사람을 임금의 자리에 올리기 위해 음모를 꾸몄답니다.

이런 때에 세손이었던 정조를 지켜 준 이가 있었으니 바로 홍국영이었어요. 그리고 마침내 정조가 왕이 되자 홍국영도 덩달아 권력을 쥐게 되었어요. 그러나 홍국영은 더 큰 권력을 잡으려 음모를 꾸몄어요. 왕족의 혈통을 가진 상계군을 자기 누이의 양자로 삼아 세자에 앉히려는 야망이었지요. 1779년의 일이에요.

세도 정치의 원조, 홍국영

홍국영은 세손이었던 정조를 잘 지켜준 공로로 정조가 왕이 된 뒤 높은 지위에 오른 사람이에요. '날아가는 새도 떨어뜨릴 만큼 권세가 높아 '세도'라는 말이 생겨 날 정도였지요. 그러나 욕심이 많아 누이동생을 후궁에 앉히고 왕비를 독살하려다 발각되어 유배지에서 죽고 말았어요.

나는 왕족이 아니에요.

용흥궁 외부 모습
강화읍 관청리에 있는 용흥궁.
골목에서 바라본 모습이에요.

하지만 이런 음모는 일찌감치 발각되어 은언군은 자결하고 동생 은신군은 제주도로 유배되어 그곳에서 죽었어요. 은언군의 큰 아들인 상계군은 반역 누명을 쓰고 강화도로 유배되었다가 자살했고요. 은언군의 아내와 큰 며느리는 천주교 신자라는 구실로 사약을 받았어요. 이렇게 가족이 철저하게 죽임을 당하자 은언군은 죽어가면서 자손들에게 왕족임을 숨기고 살라고 했답니다.

그래서 은언군의 다른 아들인 전계군은 왕족임을 숨기고 평생 가난하게 살다가 1841년에 죽었어요. 그가 남긴 아들이 바로 훗날 철종이 된 원범이지요.

글을 가르치는 것은 죽음을 재촉하는 길이라 생각했던 전계군은 원범에게 글자도 가르치지 않았어요. 훗날 임금이 될 운명이라는 사실도 모른 채 원범은 강화 도령이란 별명을 갖고 강화도에서 어린 시절을 보냈답니다.

반역
통치자에게서 나라를 다스리는 권한을 빼앗으려고 하는 행동을 말해요.

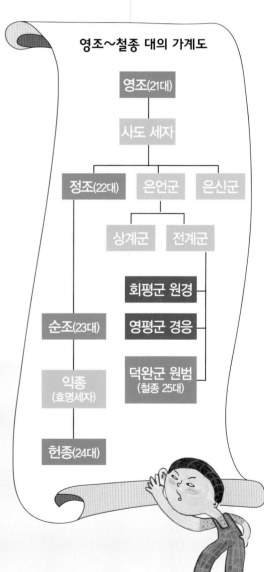

영조~철종 대의 가계도

영조(21대)
↓
사도 세자
↓
정조(22대) · 은언군 · 은신군
↓ (은언군) 상계군 · 전계군
↓ (전계군)
회평군 원경
영평군 경응
덕완군 원범 (철종 25대)

(정조 계열)
순조(23대)
↓
익종 (효명세자)
↓
헌종(24대)

여기서 잠깐!

촌수를 알아맞혀요!

오른쪽 가계도는 영조와 철종 대까지의 왕실 가계도입니다. 촌수를 알아맞혀 보세요.

● 영조는 철종의 (   ) 입니다.
● 사도 세자는 철종의 (   ) 입니다.
● 은언군은 영조의 (   ) 입니다.
● 상계군은 정조의 (   ) 입니다.

도움말 영조는 사도 세자의 아버지입니다. 사도 세자의 아들은 정조와 은언군, 은신군 이였어요. 은언군의 손자는 원경, 경응, 원범 이렇게 셋이였어요. 아버지의 아버지는 할아버지이고, 아버지의 할아버지는 증조 할아버지, 아버지의 증조 할아버지는 고조 할아버지입니다.

정답은 112쪽에

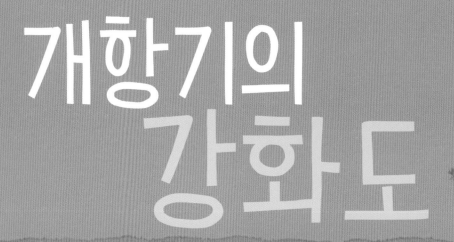

개항기의 강화도

서구 열강들의 전쟁터

배를 타고 바다를 건너 조선에 왔던 서구 열강들이 제일 먼저 도착한 곳이 강화도였어요. 강화도는 한양과 가까워 강화도를 점령하기만 하면 도성으로 곧바로 들어올 수 있었기 때문이지요. 그래서 개항*기에 강화도는 전투가 그칠 날이 없을 정도로 치열한 전쟁터가 되었어요.

1866년 병인양요를 시작으로, 곧이어 신미양요, 그 다음에 운요호 사건을 겪으면서 강화도 전체가 전쟁터로 변해 갔지요. 이런 전쟁들을 치르면서 조선은 선진 문명을 빨리 받아들인 일본과 1876년 강화도 조약을 맺어 결국 일본의 식민지가 되는 운명을 맞게 되었답니다.

*개항: 외국과 서로 물건을 사고팔 수 있도록 외국 배가 드
나드는 것을 허가하는 일이나 그 항구를 말해요.

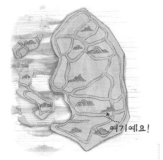

여기예요!

병인양요의 현장, 정족산성

자, 이제 개항기에 접어든 강화도로 가 볼까요? 전등사를 감싸고 있는 정족산성은 1866년 프랑스 함대가 개항을 강요할 당시 치열한 격전지였어요. 이웃 나라 중국이나 일본도 아닌 프랑스가 왜 갑자기 우리 역사에 등장하냐고요?

이러한 궁금증을 풀기 위해서는 우선, 당시 세계 여러 나라의 움직임을 살펴볼 필요가 있지요. 당시 서양의 여러 나라는 막강한 군대를 앞세우고 교류를 명분으로 내세우면서 힘이 약한 나라들을 차지했어요. 프랑스도 그러한 나라 중 하나였지요. 프랑스는 중국과 인도차이나 **반도**까지 뻗어나간 뒤, 이번에는 조선을 차지하려고 기회를 노리고 있었어요.

이런 세계의 흐름과는 반대로 조선은 나라의 문을 굳게 닫고 다른 나라와 교류하는 것을 피했어요. 바로 고종의 아버지 흥선 대원군이 쇄국 정책을 폈기 때문이었어요. 흥선 대원군은 서양에서 들어 온 종교인 천주교를 믿지 못하도록 금압령(1866년)을 내렸어요. 당시 조선은

정족산성
지세가 험준해 동쪽과 남쪽 두 길만이 통행이 가능한 천연의 요새예요.

반도
삼면이 바다로 둘러싸이고 한 면은 육지에 이어진 땅을 말해요.

병인양요의 싸움터

우리나라에 선교를 하기 위해 들어온 프랑스 신부 9명을 죽인 것을 빌미로 프랑스는 천주교를 받아들이라는 명분을 내세우며 군대를 이끌고 강화도로 쳐들어왔어요.

갑곶돈대
화강암을 정사각형으로 쌓아 만들었으며 안에 네 개의 포좌가 설치되어 있어요.

정족산성
프랑스군에 맞서 용감하게 싸운 양헌수 장군의 승전 기념비가 세워져 있어요.

덕진진 남장포대
강화해협을 지키는 제1포대였어요. 1874년에 쌓았고 15문의 포대가 남아 있어요.

조선은 일본이 차지할 거야.

무슨 소리! 예부터 조선은 중국을 섬겨 왔어.

전술을 잘 세워야 해.

프랑스 신부를 죽인 책임을 져라!

강화해협

해협이란 육지 사이에 끼어 있는 좁고 긴 바다를 말하지요. 강화해협은 예부터 수도와 가까웠기 때문에 적들이 바다로부터 배로 침략하는 통로였어요. 하지만 강화해협은 물살이 세고 깊어 천연의 요새였답니다.

유교 국가였는데 조상에게 제사 지내는 것을 금하는 천주교를 가만히 두고 볼 수 없다는 이유 때문이었어요. 그리하여 프랑스 신부 9명이 처형되고 수많은 조선인 천주교 신자들이 목숨을 잃었어요. 이를 '병인박해'라고 불러요.

이때 가까스로 살아남은 리델 신부가 중국으로 탈출해 프랑스 극동 함대 사령관이었던 로즈 제독에게 조선에 남아 있는 동료 신부를 구해 달라고 부탁하기에 이르지요.

프랑스 사람을 죽이다니! 책임을 져라

호시탐탐 조선을 공략할 기회만 엿보던 프랑스는 신부 처형 사건을 구실로 강화해협을 건너 강화도로 쳐들어왔어요. 프랑스 신부를 죽인 책임을 지고 천주교를 받아들이라고 요구하면서 말이에요. 이것이 병인양요예요.

양요

'서양 나라들이 일으킨 소요'라는 뜻이에요.

1866년(고종 3) 9월, 프랑스 함대 사령관인 로즈 제독은 군함 7척과 1,500명의 프랑스 군인, 대포 66문을 가지고 우리나라의 작약도 근처로 왔어요. 그러고는 그 가운데 군함 4척과 900여 명의 군사들을 배에 태우고 강화도 갑곶돈대에 상륙하지요.

"우리는 서울까지 싸우러 갈 것이다. 너희는 우리 프랑스 선교사 9명을 살해했으니 우리는 조선의 백성 9천 명을 죽일 것이다." 하고 큰소리를 치며 말이에요.

얕잡아 보다가는 큰 코 다쳐요

프랑스 군은 강화도에 들어와 관아와 민가를 불태우고 조선의 백성들을 닥치는 대로 죽였어요. 당황한 조선 조정은 양헌수 장군에게 명을 내려 프랑스 군대와 싸우라고 했지요. 양헌수 장군은 6백 명의 포수군을 이끌고 강화도의 정족산성으로 가 프랑스 군대를 맞이했답니다. 이때 우리 군을 얕잡아 본 프랑스 군은 고작 160명만 데리고 정족산성으로 올라갔어요. 그러나 죽기살기로 싸우는 조선 군사를 당할 수는 없었지요. 마침내 프랑스 군내는 6명의 전사자와 60~70명의 사상자를 내고 허겁지겁 산을 내려오게 되었어요. 예상하지 못한 패배로 프랑스 군은 기가 꺾여 달아났지요. 이런 와중에도 프랑스 군은 강화읍에 불을 지르고 외규장각의 소장품과 강화 동종 등을 훔쳐갔답니다.

병인양요를 치른 뒤 흥선 대원군은 "강화도의 해상 관문을 굳게 지킬 것이며 어떠한 외국 선박도 강화해협을 통과할 수 없다."라고 쓴 비석을 덕진진 남장포대 옆에 세웠어요.

🏮 포수군
포를 장비로 갖추고 바다를 지키던 군사예요.

양헌수 장군의 승전비
양헌수 장군은 6백 명의 포수군을 이끌고 강화도의 정족산성으로 가 프랑스 군대를 이겼답니다.

바다를 바라본 경고비
어떠한 외국 선박도 강화해협을 통과할 수 없다고 씌어 있어요.

《조선왕조실록》을 지켜 낸 정족산 사고

여기예요!

정족산성 안에는 정족산 사고가 있어요. 사고란 역사를 기록한 문헌을 보관하는 매우 중요한 곳이지요. 이곳에는 조선 시대 연구에 많은 도움이 되는 《조선왕조실록》과 《조선왕실족보》가 보관되어 있었어요.

임진왜란 전까지 《조선왕조실록》은 서울의 춘추관과 충청도 충주, 경상도 성주, 전라도 전주의 4대 사고에 보관되어 있었지요. 그러나 임진왜란으로 전주 사고의 실록을 제외하고 모두 불타 버리자 조선 왕조는 서울의 춘추관과 태백산, 묘향산, 마니산, 오대산등의 5대 사고에 실록을 나누어 보관했어요.

하지만 임진왜란, 병자호란 등을 겪으면서 춘추관의 《조선왕조실록》은 제대로 보전되지 못했지요. 다행히 마니산 사고에서 정족산 사고로 옮겨 보관한 《조선왕조실록》은 무사히 보전되었지요. 병인양요 때 양헌수 장군이 프랑스군을 정족산성 전투에서 물리친 덕분에 불타지 않고 남게 된 거예요. 이 실록은 지금 서울대학교 규장각 한국학 연구소에 안전하게 보관되어 있답니다.

조선왕조실록

역대 왕들의 이야기는 물론 조선 시대 정치, 외교, 경제, 군사, 법률, 사상, 생활 등 여러 분야의 역사적 사실이 기록되어 있어요. 이 책 덕분에 지금 우리는 조선 시대에 일어났던 여러 사건들은 물론 그 시대 사람들이 어떻게 생활했는지 자세히 알 수가 있답니다. 《조선왕조실록》은 이런 가치를 인정받아 1997년 10월 1일에 유네스코 세계기록유산으로 등재되었어요. 인류 전체의 문화유산으로 인정받은 것이지요.

정족산 사고
인천광역시 강화군 길상면 정족산성 내부의 전등사 서쪽에 있으며, 실록의 보관이 중요한 업무였어요.

강화군청 제공

일본 문서에 남은 정족산 사고 모습
정족산 사고는 1931년을 전후해서 파괴되어 빈터에 주춧돌만 남아 있던 것을 1999년 강화문화권 사업으로 복원 정비했어요.

여기예요!

신미양요의 현장, 초지진과 광성보

병인양요의 현장이었던 정족산성을 둘러보았으면 이제 초지진과 광성보를 둘러보아요. 초지진은 강화도의 남쪽, 강화해협 입구에 있어요. 바다를 통해 쳐들어오는 적군을 막기 위해 만든 요새지요. 1656년(효종 7)에 세웠는데 이 초지진에는 초지돈, 장자평돈, 섬안돈 3개 돈대가 속해 있었지요. 이때 9개의 포대도 만들어졌는데, 초지진 남쪽의 진남포대에는 대포 12문이 설치되었어요. 그리고 초지진 앞 황산포대에도 대포 6문이 설치되어 적군과 싸울 수 있게 했지요.

흥선 대원군이 정치를 맡은 지 3년째 되는 1866년 7월이었어요. 미국 상선 제너럴셔먼 호가 대동강을 거슬러 올라와 평양 근처까지 와서는 **통상**을 하자고 요구했지요. 겉으로는 나라 간에 무역을 하자고 요구한 것이었지만 평양에 있는 왕릉을 **도굴**할 거라는 소문이 나라 안에 쫙 퍼져 있었어요.

통상
나라와 나라 사이에 서로 물품을 사고 파는 것을 말해요.

도굴
관리자의 허락을 받지 않고 몰래 고분 따위를 파거나 광물을 캐 내는 것이에요.

광성보
강화해협을 지키는 중요한 요새로 강화 12진보의 하나예요. 고려가 몽골의 침략에 대항하기 위해 강화도로 천도한 다음에 돌과 흙을 섞어 해협을 따라 길게 쌓은 보루이지요.

손 들어!

이 끈만 잡아 주면 손 들게.

러자 평안도 관찰사 박규수가 부하 이현익을 보내 사정을 알아보고, 제너럴셔먼 호에게 돌아갈 것을 요구했지요. 하지만 제너럴셔먼 호는 강물의 깊이를 잰다면서 시간을 끌며 돌아갈 생각을 하지 않았어요. 참다 못한 이현익이 배를 빨리 돌리라고 항의하자 미국인들은 이현익을 배에 가두고 총을 쏘는 만행을 저질렀어요.

초지진 입구

지금도 초지진에 가면 대포를 볼 수 있어요. 이 대포는 한 번 쏘면 700미터 정도까지 포탄이 날아갔지만 안타깝게도 제대로 터지는 않았다고 해요. 초지진에는 포탄 맞은 성벽과 포탄 맞은 소나무가 그대로 보존되어 있어 당시의 사건을 생생하게 느낄 수 있게 해 주지요.

화가 난 평안도 사람들은 배에 화약을 가득 실어 끈으로 연결한 다음 불을 붙여 제너럴셔먼 호에 보냈지요. 화약고를 안고 적진에 뛰어 든 셈이지요. 불은 곧바로 제너럴셔먼 호에 옮겨 붙었고 배는 불에 타면서 가라앉아 버렸어요. 이것이 '제너럴셔먼 호 사건'이에요.

굳게 닫힌 조선의 문을 열라

이를 지켜본 미국이 가만있을 리가 없겠지요. 이로부터 5년이 지난 1871년 5월 16일 미국의 동아시아 함대 사령관 로저스 제독이 군함 5척과 군인 1,230명, 대포 85문을 갖추고 다시 조선 땅으로 출발했어요. 그리고는 6월 1일 강화해협으로 들어왔어요.

이들이 다시 온 이유는 제너럴셔먼 호 사건에 대한 책임을 묻고 굳게 닫힌 조선의 문을 열어 무역을 하려는 것이었어요. 무역을 하자고 오는 사람들이 무장한 병력에다 대포까지 가지고 오다니 참 이상하지요? 결국 그들의 속셈은 다른 데 있었어요. 무역을 하는 것을 구실로 강제로 조선의 문을 열려는 것이었지요.

포탄 맞은 성벽(초지진)

포탄 맞은 소나무(초지진)

이렇게 해서 조선군과 미군의 싸움이 시작되었어요. 6월 10일 미군은 800명의 병력을 앞세워 초지진에서 2시간 동안이나 대포를 쏘아 댔어요. 결국 초지진은 함락되고 이어 다음 날인 6월 11일 미군은 덕진진을 점령하여 군사 시설을 불태우고 다시 광성보로 쳐들어갔어요.

호랑이처럼 용감하게 싸운 조선 수비병들

광성보에서는 조선의 **진무중군** 어재연의 지휘를 받는 조선 수비군 600명이 미군을 상대로 치열한 싸움을 벌였는데 미군의 무기가 훨씬 우수했기 때문에 조선군은 밀릴 수밖에 없었어요. 이윽고 탄환과 화살이 다 떨어진 조선군은 맨손으로 미군에 맞서다가 모조리 죽고 말았어요. 조선군들이 얼마나 목숨을 아까워하지 않고 싸웠던지 전투에 참여했던 미국인 장교는 "조선 수비병은 호랑이처럼 용감하게 싸웠다. 민족과 국가를 위해 이보다 더 장렬하게 싸운 국민을 다시 볼 수 없다."라고 칭찬을 할 정도였어요.

미군은 광성보를 점령한 뒤 광성보의 손돌목 돈대 위에 펄럭이는 어재연 장군의 '수'자 깃발을 내리고 미국 국기인 성조기를 올렸지요.

1. 신미순의총
미군에 맞선 200여 조선군의 용감한 죽음을 가리는 무덤이지요.

2. 광성보 쌍충비각
이지언 장군과 동생인 어재순을 기리는 비석이에요.

🎩 **진무중군**
바다를 지키는 부대의 전투 지휘관을 가리켜요.

여기서 잠깐!

초지진에 전시된 대포의 이름은 무엇일까요?

이 대포는 한번 쏘면 700미터 정도 날아가는데, 서양으로부터 중국을 통해 수입되었어요. 붉은 머리를 한 오랑캐들의 대포라는 뜻을 가지고 있답니다. (　　)

① 화승총 　② 불랑기 　③ 천보총 　④ 홍이포

초지진 안에 들어서면 보이는 비각 안에 전시되어 있어요.

도움말 1604년 명나라 군대가 네덜란드와 전쟁을 치를 때 중국인들은 네덜란드 인을 '붉은 머리를 한 오랑캐'라 부르고 그들이 사용하던 대포를 홍이포라고 불렀어요.

☞ 정답은 112쪽에

굴욕의 장소, 연무당

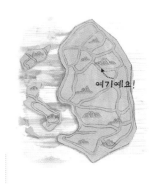

여기예요!

초지진과 광성보에서 목숨을 아까워하지 않고 싸운 조선 수군들의 대담한 기백을 보았나요? 그러나 나라가 힘이 없으면 나라 사이의 싸움에서는 질 수밖에 없어요. 군대가 아무리 강인한 정신으로 무장했다 하더라도 신식 무기와 성능 좋은 대포에 이길 장수는 없을 테니까요. 신식 무기들은 문물의 발달과 관계가 있어요. 문물의 발달은 곧 나라의 힘이겠지요.

이제, 강화도 조약이 맺어진 굴욕의 장소 연무당을 돌아보면 조선의 운명이 바람 앞의 등불처럼 위태로웠다는 것을 느낄 수 있을 거예요.

신식 무기
새로운 기술로 개발한 무기를 말해요. 당시 일본군들이 사용했던 총은 신식 소총이었는데 조선군은 조총과 활, 칼로 대항했어요.

흥선 대원군에 의해 조선이 나라 문을 굳게 닫고 쇄국정책을 펴고 있는 동안, 일본은 1641년 네덜란드에 무역소를 설치하는 등 발 빠르게 유럽의 선진 문물을 받아들였어요. 물론 근대화된 총과 화포 등의 무기도 갖추었지요.

이렇게 선진 문물을 받아들인 일본은 고종 12년인 1875년, 신식 무기를 들고 뱃길을 따라 초지진으로 쳐들어왔어요.

쇄국정책
조선 시대 외국과의 통상을 제한하여 교류 관계를 맺지 않았던 외교 정책을 말해요.

앗! 저 무기들은?

아직도 조선 시대인 줄 아나 봐!

고지도로 보는 연무당
강화산성 서문 옆에 있는 건물이 연무당이에요.

조선의 해안 수비병이 경고 사격을 했지만 일본 운요호는 함포 사격으로 간단히 초지진을 격파해 버렸지요. 이를 '운요호 사건'이라고 해요.

이로 인해 1876년 2월 27일 강화읍 국화리에 있던 연무당에서 불평등한 강화도 조약이 체결되었어요.

이때 일본과 주고받은 종이 몇 장은 조선 오백 년을 송두리째 뒤흔드는 빌미가 되고 말았어요.

강화도 조약

일본의 강압에 의해 맺어진 최초의 불평등 조약이자, 조선과 일본 사이의 전통적인 교류가 깨어진 조약이지요.

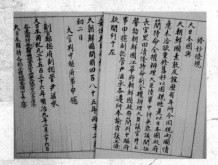

강화도 조약 문서

조약 체결 당시의 연무당
연무당옛터의 전시 사진 중의 하나로 강화도 조약 체결 당시의 모습을 찍은 것이에요.

조선은 자주독립 국가다
청나라 등 다른 나라가 조선의 일에 간섭하지 말라는 내용이에요. 다시 말해, 겉으로는 자립을 인정해 주는 척하면서 다른 나라가 조선에 손을 대지 못하게 하고 일본이 조선을 차지하겠다는 의도지요.

일본인의 범죄는 일본 영사가 재판한다
일본 사람이 조선에 와서 잘못을 저질러도 조선은 처벌할 수 없다는 뜻이에요. 이 조항에 따라 일본의 낭인들이 조선의 국모인 명성 황후를 죽인 것에 대해 말 한 마디 하지 못했으니 참으로 불평등한 조약이지요.

원산, 인천, 부산을 개항한다
동해의 원산, 서해의 인천, 남해의 부산의 문을 활짝 열어 조선의 어디에서든 일본이 원하는 대로 오가겠다는 뜻이지요.

일본 상품에 대해 조선은 관세를 붙이지 않는다
조선에 세금도 내지 않고 장사를 하겠다는 것이지요.

조선 개항지에서는 일본 화폐를 사용할 수 있다
일본 돈을 마음껏 사용하니 부산, 원산, 인천항은 일본 땅이라는 뜻이나 마찬가지였지요.

조선 해안을 측량하고 탐험할 수 있다
조선을 점령하기 위한 기초 자료를 확보하려는 것으로 조선 땅을 차지하겠다는 의도가 숨어 있었어요.

빼앗긴 자주성

강화성 서문 옆에 있는 연무당은 원래 강화 진영의 군사들을 훈련시키던 곳이었어요. 훈련은 고종 7년이던 1870년에 처음 시작되었고, 6년이 지난 1876년에는 이곳에서 일본과 강화도 조약을 맺었지요.

종이 몇 장에 나라 운명이 바뀌었어!

연무당옛터

일본은 정말 나빠!

연무당이 있던 곳임을 알려주는 푯돌
원래 연무당은 강화 진영의 군사 훈련장이었어요.

이 조약으로 인해 인천·부산·원산의 항구를 열어 주게 되어 외국의 배가 드나들고 새로운 문물이 들어오게 되었어요. 하지만 이 조약으로 인해 우리나라는 자주적인 근대화를 추진하지 못하고 일본에게 끌려 다니다가 결국 일본에게 35년 동안 나라를 빼앗기는 치욕을 겪게 되지요.

그러니까 이곳 연무당은 문물이 들어온 현장임과 동시에 민족의 시련이 시작된 아픔의 장소이기도 해요. 지금은 건물이 헐려 없어지고 잔디밭에 푯돌만 덩그러니 서 있답니다.

강화군청 제공

연무당 옛터
사진에서 보이는 건물을 지금은 찾아볼 수 없답니다.

여기서 잠깐!

강화도 조약에 대해 알아보아요.

강화도 조약은 일본에 의해 강제로 맺어진 굴욕적인 조약이에요.
이 조약으로 인해 일본은 우리나라를 마음대로 드나들 수 있는 권한을
가지게 되었으며, 그 뒤 조선은 자주적인 근대화의 길을 빼앗기고 말아요.
이 조약이 맺어진 장소는 어디일까요? (   )

① 연무당 ② 초지진   ③ 광성보 ④ 정족산성

☞ 정답은 112쪽에

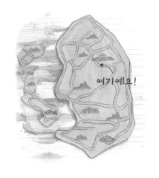

십자가 달린 한옥 성당

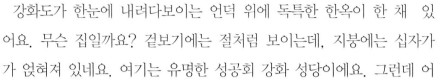

강화도가 한눈에 내려다보이는 언덕 위에 독특한 한옥이 한 채 있어요. 무슨 집일까요? 겉보기에는 절처럼 보이는데, 지붕에는 십자가가 얹혀져 있네요. 여기는 유명한 성공회 강화 성당이에요. 그런데 어찌된 일일까요? 성당은 대부분 멋진 서양식 건물인데 이 건물은 한옥이에요. 이는 성공회가 조선에 깊게 뿌리를 내리겠다는 뜻을 담은 것이에요.

성공회는 영국에서 시작된 기독교 종파 가운데 하나로 1890년 9월 조선에 처음 전파되었어요. 성공회 강화 성당은 대한성공회 초대 주교인 존 코르페가 1900년에 세운 한국 최초의 성당이지요. 존 코르페 주교의 한국 이름은 고요한이에요.

그런데 왜 성공회 성당을 강화에 세웠을까요? 그것은 강화도에서 조선 최초로 세례식이 있었기 때문이에요. 고종 33년이던 1896년 강화도에서 조선인이 처음으로 세례를 받았답니다.

축성백주년기념비
사람이나 물건을 하느님에게 봉헌하여 거룩하게 하는 일을 종교에서는 축성이라고 해요. 강화 성당이 들어선 지 백년을 기념하는 비석이지요.

서양 기독교식으로 만든 성당 내부

성공회 강화 성당은 건축 양식이 아주 독특한 건물이에요. 겉모습은 한옥이고 내부는 서양 기독교식이거든요. 성공회 강화 성당의 건물은 정면 4칸, 측면 11칸으로 길게 네모진 2층 팔작집이에요. 지붕 **용마루**의 양끝에 위치하는 **취두**를 대신하여 십자가가 배치된 것이나, **용두**를 올린 것, 그리고 건물 정면 귀기둥의 기둥에 한자를 새겨 넣은 것 등은 우리나라 전통 가옥인 한옥의 건물 양식이에요.

이렇게 바깥에서 보면 전통적인 조선 한옥처럼 생겼지만 안으로 들어가면 서양의 기독교식 건축 양식인 바실리카 양식으로 지어졌어요. 성당 내부에는 성수대와 지성소가 있는데, 이 성수대는 신자가 잘못을 뉘우치고 영세를 받을 때 사용하는 것이에요. 성수대 정면에는 〈중생지

용마루
지붕 가운데 부분에 있는 가장 높은 수평 마루를 말해요.

취두
다른 말로 망새라고 해요. 전통 건물의 용마루 양쪽 끝머리에 얹는 장식 기와랍니다.

용두
큰 기와집의 대마루 양쪽 머리에 얹는 기왓장이에요.

천〉이라는 글이 있는데, '거듭나는 샘물'이라는 의미지요. 이 성공회 강화 성당를 짓기 위해 백두산에서 나무를 구해 압록강으로 운반해 사용했어요. 또 경복궁 공사에 참여했던 도편수가 건축을 맡았다고 하니 당시에는 크게 주목받을 만한 일이었어요. 세상의 어려움을 헤쳐 나간다는 뜻으로 강화 성당의 터는 배 모양을 하고 있어요.

강화성당
'성 베드로와 바울로 성당'이라고도 불리는 성공회 강화 성당은 2001년 1월 4일 국가사적 424호로 지정되었어요.

궁궐 건물에
올리는 잡상

취두를 대신한
십자가

강화 성당 내부
바실리카 양식으로 꾸며진 내부는 한옥으로 된 성당 외부와 대조를 이루고 있어요.

귀기둥에
새긴 한자

여기서
잠깐!

강화 성당에 대해 알아보아요.

강화 성당을 건축할 뜻을 세운 워너 신부는 먼 곳까지 가서 성당에 쓰일 소나무를 구해 왔어요. 그곳은 어디일까요? (   )

① 한라산 ② 오대산 ③ 태백산 ④ 지리산 ⑤ 백두산

☞ 정답은 112쪽에

시대마다 전쟁터였던 강화도

분오리돈대
조선 시대에 축조한 강화 54돈대 중의 하나로
강화도의 남쪽 해안 중앙. 지금의 동막해수욕장
동쪽 끝에 있어요.

강화도는 한반도의 역사를 축소해 놓은 듯 상처투성이의 역사를 가지고 있어요. 각 시대마다 전쟁을 치르지 않은 적이 없었거든요. 시대마다 어떤 전쟁이 일어났고, 또 강화도와 어떤 관련이 있는지 알아보아요.

고려 시대의 전쟁

● 몽골과의 전쟁

고려 시대 때 몽골은 28년간 7차례에 걸쳐 고려를 침략해 왔어요. 몽골이 두 번째 침입해 왔을 때 왕과 고려 조정은 강화도로 도읍을 옮겼지요. 그로부터 39년 동안 강화도에서 지냈어요. 그러다 1270년(원종 11) 몽골과 화의하고 개성으로 돌아갔지요.

조선 시대의 전쟁

● 인조가 강화도로 피신한 정묘호란

인조 5년이던 1627년에 후금이 압록강을 건너 조선으로 쳐들어왔어요. 이때 소현세자는 전주로, 임금인 인조는 강화도로 피난을 갔어요. 그 뒤 의병이 일어나고 명나라가 후금을 위협하면서 후금과 조선은 '형제의 맹약'을 맺고 친하게 지내기로 약속을 하지요. 이 화의가 강화도 월곶에 있는 연미정이라는 정자에서 이루어졌어요.

● 왕족과 관료들이 피신한 병자호란

1636년에 후금은 이름을 청으로 바꾸고 10만 대군을 이끌고 조선에 쳐들어와요. 이것이 병자호란이에요. 이때 조정은 봉림대군, 인평대군을 비롯한 왕족과 벼슬아치들을 강화도로 피난시켰어요. 인조는 남한산성으로 피난을 갔다가 청나라 군대에 포위되어 1637년 1월 30일에 청나라 태종에게 항복하지요.

근대의 전쟁

● 정족산성에서 싸운 병인양요

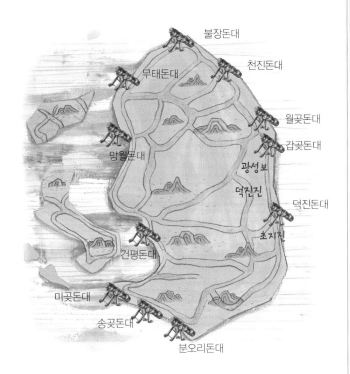

강화도의 주요 돈대와 보

고종의 아버지인 흥선 대원군은 1866년 천주교를 믿지 못한다는 금압령을 내리고 이로 인해 프랑스 선교사와 조선인 천주교 신자들이 처형되는 '병인박해'가 일어나지요. 이를 빌미로 프랑스가 조선 땅에 쳐들어 와요. 이때 양헌수 장군이 강화도의 정족산성에서 프랑스 군대와 싸워 이기고 프랑스는 도망가면서 외규장각에 있는 도서와 은궤 등을 훔쳐 갔지요.

● 초지진을 함락한 신미양요

1866년 미국의 무역 배인 제너럴셔먼 호가 실종되었어요. 미국은 이 배가 조선인들에 의해 대동강변에서 불탔다는 소리를 듣고 조선으로 다시 쳐들어왔어요. 결국 미군은 초지진을 점거해 조선대포 40문을 바다에 빠트리고 다음 날 덕진진을 함락하니 이것이 1871년 로저스 제독을 앞세우고 미군이 쳐들어온 신미양요였어요.

● 강화도 조약을 체결하게 된 운요호 사건

1875년 선진 문물을 받아들인 일본이 초지진으로 쳐들어왔어요. 일본군은 성능 좋은 함포 사격으로 간단히 초지진을 파괴해 버리고 강화도를 빼앗지요. 이로 인해 1876년 2월 27일 강화읍 국화리에 있던 연무당에서 불평등한 강화도 조약을 체결하게 되었어요.

강화역사 박물관

즐거운 역사 놀이터

세상은 아는 만큼 보인다고 해요. 강화도를 둘러보기 전에 강화역사박물관을 돌아본다면 좀 더 쉽게 강화도를 이해하게 될 거예요. 강화대교를 지나 48번 국도를 타고 10분 정도 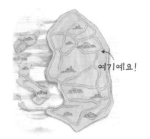 달리면 하점면 부근리 고인돌 앞에 강화역사박물관이 있어요. 박물관 안에는 선사 시대 화살촉에서부터 고려 시대 청자, 조선 시대 백자, 근현대 시대의 목가구까지 강화도에 살았던 사람들의 유물이 전시되어 있어요. 강화 지역 출토 유물을 중심으로 실물, 디오라마, 복제품, 영상 등 여러 형태로 전시되어 있어서 시대별 강화도의 역사와 문화를 이해하기 좋아요.

강화역사박물관은 매표소가 있는 1층 로비에서 전시물을 보고 에스컬레이터를 통해 2층을 먼저 관람하게 되어 있어요. 고인돌의 땅 강화, 신나는 청동기 시대 탐험, 강화의 열린 바닷길 이야기로 전시 공간이 이어 져요. 1층으로 내려오면 고려 강화, 조선·근대 강화, 삶과 민속품 전시실을 볼 수 있어요.

자, 그럼 강화역사박물관 안으로 들어가 볼까요? 이제부터 강화도 역사 놀이터에서 신나게 놀아 보아요.

강화역사박물관에 전시된 무기들 이에요.

생생 역사 체험을 해요

강화역사박물관 매표소가 있는 로비는 강화역사박물관을 돌아보기 전 사전 학습에 도움을 주는 곳이에요. 무엇이 있나 살펴볼까요? 가장 먼저 눈에 띄는 건 웅장한 모습의 강화동종이에요. 부드럽고 완만한 모양의 강화동종은 강화산성의 남문에 걸려 있던 종인데, 이 종소리를 신호로 강화산성의 성문을 열고 또 닫았어요. 청동으로 만든 강화동종은 병인양요 때 강화도를 침입한 프랑스군이 퇴각하며 가져가려 했대요. 종이 무거운 데다 조선군이 바짝 추격해오자 프랑스군은 강화동종을 포기하고 갑곶리 바닷가에 버리고 갔어요. 이후 고려궁터 진입로 옆 김상용 순절비각 자리에 있던 것을 고려궁터 안으로 옮겼다가 지금의 강화역사박물관 로비에 전시하고 있어요.

로비에서 만나는 전시물

강화동종
보물 제11-8호로 등록된 강화동종은 1711년에 제작된 것으로 전체 높이가 176cm, 입지름이 145cm예요. 조선 후기에 제작된 동종 가운데 크기가 가장 크고, 모양이 안정적인 반구형이에요. 종의 윗부분에는 두 마리 용이 서로 등을 맞댄 모양의 고리가 있어요.

선두포축언시말비
강화도 남쪽에 있는 선두리와 사기리를 잇는 공사를 했는데 1706년 9월에 시작해 다음 해 5월까지 무려 11만 명이 동원되었어요. 이때 공사의 과정과 규모, 참가한 사람 등 선두포 공사에 대해 자세히 적어 놓은 소중한 자료예요.

어재연 장군 초상화
어재연 장군은 병인양요와 신미양요때 강화도 앞바다에 침입한 프랑스와 미국에 맞서 싸운 장군이에요. 신미양요 때 600명의 군사로 미국 군함 5대와 1230명의 미국 군사에 맞서 싸우다가 전사했어요.

🐢 간척
바다나 호수의 일부를 둑으로 막고, 그 안의 물을 빼내어 육지로 만드는 일이에요.

강화동종 옆에는 선두포축언시말비가 있어요. 조선 시대 때 **간척한** 내용을 적은 비석이에요. 강화도의 논은 대부분 간척 논인데 강화도의 간척 역사는 고려 시대로 거슬러 올라가요. 몽골의 침략으로 고려 조정이 강화도로 들어오며 강화도의 인구가 갑자기 무려 40여만 명으로 늘어났어요. 갑작스러운 인구 증가에 식량 부족이 이어지니 농사지을 땅을 마련하려고 간척을 하게 된 거죠. 선두포축언시말비는 강화의 간척사업 중 제법 큰 규모인 선두포 공사에 관한 내용이 자세히 적혀있어요. 늠름한 어재연 장군(1823~1871)의 초상화도 볼만해요. 어재연 장군은 조선 시대 말기에 진무중군에 임명되어 광성보를 지키다 미군과의 싸움에서 장렬하게 전사하신 분이에요.

청동기 마을 속으로
간단한 퀴즈와 OX 퀴즈를 풀다 보면 청동기 마을의 생활을 잘 알 수 있어요.

강화 유물 퍼즐
강화동종과 청자죽순형주자가 열두 조각 지그소 퍼즐로 되어 있어요.

유물 모양 꽂기
네모난 판에 동그란 나무 블록을 꽂아 고인돌. 빗살무늬토기, 주먹도끼. 반달돌칼을 만들 수 있어요.

칠선녀와 사진 찍기
강화도 마니산 참성단은 단군왕검이 하늘에 제사를 지내던 곳이에요. 참성단을 배경으로 선녀들과 기념사진을 찍어 보세요.

여기서 **잠깐!**

강화도에서 출토된 도기를 구경할까요?

도기는 고려 시대 서민들이 저장과 운반 등 실생활에서 용기로 많이 사용했는데 호, 병, 동이, 항아리 등이 있어요. 섭씨 1020~1200도에서 청자 유약과 백자, 유약을 입히지 않고 구워 낸 그릇이 도기랍니다.

1. 고려 시대 도기호. 하점면 창후리에서 출토되었어요.
2. 고려 시대 도기호. 강화읍 옥림리에서 출토되었어요.
3. 고려 시대 도기양이부호. 강화읍 옥림리에서 출토되었어요.
4. 고려 시대 흑유자기양이호. 하점면 신봉리와 장정리에서 출토되었어요.

선사 시대로 떠나요

선사 시대 연표

1만여 년 전 구석기 시대
BC 6000년 신석기 시대
BC 2333년 단군 고조선 건국
BC 15C 청동기 시대, 강화 고인돌
　　　　축조

로비에서 2층으로 올라가면 강화의 선사 시대 전시실이 펼쳐지는데, '강화도'라는 이름의 설명이 처음에 나와요. 강화(江華)는 '물 위에 핀 꽃'이라는 뜻이래요. 강화도는 우리나라에서 네 번째로 큰 섬으로 마니산이 있고, 해안선의 길이는 106.5km로 사람이 살기 좋은 섬이에요. 그래서 강화도에는 선사 시대부터 사람들이 살았어요. 선사 시대 전시실에는 강화도에서 출토된 구석기 시대, 신석기 시대, 청동기 시대의 유물과 참성단 등 당시 사람들의 생활을 엿볼 수 있는 전시물이 많아요.

구석기 시대 코너에서는 먹을거리를 찾아 이동하고 나무 열매를 채집하거나 힘을 합쳐 사냥할 때 쓰던 도구를 볼 수 있어요. 뗀석기, 주먹도끼, 여러면석기 등이 이때의 도구이지요. 오상리 고인돌군을 조

전시실에서 만나는 유물

구석기 시대 유물 주먹도끼
주먹도끼는 주먹에 쥐고 사용할 수 있는 도끼로 사냥할 때 이용했어요. 길이가 15cm 정도 되는데 화도면 동막리에서 출토되었어요.
내가면의 오상리 고인돌군 출토 때에 발견된 여러면석기는 지름이 8cm 정도 되는 구석기 유물이에요.

신석기 시대 유물 빗살무늬토기
빗살무늬토기는 토기 표면에 빗살무늬가 있어서 붙여진 이름이에요. 화도면 동막리와 사기리에서 발견되었는데 신석기 시대 사람들이 바닷가에 살면서 빗살무늬토기를 만들어 모래에 꽂고 음식을 담았어요.

청동기 시대 유물 가락바퀴
하점면 삼거리 고인돌군에서 발견된 가락바퀴는 지름이 7cm 정도 되는데 가운데 구멍이 뚫려 있어요. 이 구멍에 길고 둥근 막대를 끼워 축 역할을 하게 한 뒤 실을 뽑는 데 사용했대요.

참성단 모형

강화도 남쪽에 있는 마니산 꼭대기에 단군왕검이 쌓은 제단인 참성단이 있어요. 동그란 모양으로 쌓은 아랫단 위에 네모난 제단을 올렸는데 '하늘은 둥글고 땅은 네모나다'라는 천원 지방 사상을 담았어요. 당시 마니산은 '고가도'라는 섬으로 배를 타고 가야 하는 신성한 곳이었답니다.

기증기탁실 전경

사할 때 여러면석기가 출토되었고 양사면 교산리와 하점면 창후리에서도 발견되었어요.

신석기 시대 코너로 가면 화도면 사기리 그리고 동검도, 여차리, 석모도, 주문도에서 해안선을 따라 발견된 빗살무늬토기가 전시되어 있어요. 신석기 시대 사람들은 농사를 짓고 움집에 살며 가축을 키웠고 토기를 만들어 음식을 삶거나 쪄서 먹은 후 남은 음식을 보관했어요. 바닷가 모래에 꽂기 위해 토기 끝을 뾰족하게 만든 걸 볼 수 있어요.

청동기 시대 유적으로는 고려산을 중심으로 발견된 고인돌이 있어요. 강화 고인돌은 세계문화유산으로 지정되었는데 하점면 부근리 지석묘는 북방식 고인돌로 그 모양이 매우 멋져요.

선사 시대 전시실 옆에는 강화역사박물관에 기증하고 **기탁**한 유물이 모여 있어요. 백자와 청자를 주로 전시해요. 푸른빛이 나는 청화백자, 흑갈색 무늬가 나타나는 철화백자 등 다양한 전시물을 만날 수 있답니다.

기탁
어떤 물건을 보관하도록 부탁하여 맡겨 두는 것을 말해요.

강도 시대를 만나요

환도
정부가 위기의 상황에서 수도를 다른 곳으로 옮겼다가 다시 원래 수도로 돌아오는 것을 말해요.

계단으로 1층에 내려오면 고려 시대부터 조선 시대와 근대로 이어지는 내용의 역사가 차례로 전시되어 있어요. 그중 고려 시대는 강화도 역사에서 매우 의미 있는 시기예요. 강화도는 고려 시대 개경에 이은 제2의 수도였거든요. 몽골의 침략으로 1232년 개경에서 강화도로 수도를 옮겨 1270년 환도할 때까지 38년간 강화도는 고려 왕조의 수도였어요. 이때를 강도 시대라고 해요. 고려 강화 전시실은 강도 시대를 다루고 있어요.

강도 시대의 대표적 사건은 강화도로 천도한 고려왕조가 궁궐을 지

전시실에서 만나는 유물

청자상감국화문주자
13세기 후반에 사용된 것으로 화려하면서도 절제 있는 고려 귀족의 청자 주전자예요.

청자상감국화문향합
높이가 낮고 안정감을 보이는 작은 합이에요. 뚜껑의 윗면 편평한 부분에 국화 문양을 새기고 주위에 구슬 모양으로 띠를 돌렸으며 상감 기법을 이용했어요.

연화문암막새
선원면 지산리에서 출토된 것으로 13세기에 사용했던 지붕의 기와 마감재예요. 연화 무늬가 선명하고 멋스러워요.

은 거예요. 궁궐은 2년에 걸쳐 지어졌고 고려궁 주변으로는 개경과 전국에서 이주한 귀족과 주민들을 위한 민가가 들어서면서 강화는 새로운 도읍의 면모를 갖추었어요. 몽골의 침입을 우려해 내성에 이어 외성과 중성도 쌓았어요. 지금은 흔적이 남아 있지 않은 고려궁에 대한 설명과 유물이 흥미로워요. 전시실 가운데에 고려 시대의 건축과 문화를 영상으로 보여주기에 고려궁의 모습을 짐작할 수 있어요.

강도 시대는 어려운 시기였지만 그 어려움 속에서도 찬란한 문화를 남겼어요. 세계기록유산으로 지정된 팔만대장경이 제작되었고, 유려한 문양과 빛깔의 고려청자도 만들어졌지요.

고려청자는 어떻게 이름을 지을까요

고려청자는 고려 시대의 왕실과 귀족, 사찰을 중심으로 12세기에 많이 사용되었어요. 특히 강화도의 고려 왕릉에서 출토된 청자는 유색이 좋고 장식 문양과 제작 기법이 세련되었어요. 고려 시대 무신정권의 최고 실력자였던 최 항의 무덤에서 나온 청자진사연화문표형주자(국보 133호)가 대표적이지요.

전체적으로 청색을 띠는 도자기이기에 '청자'라는 이름이 붙였어요. 도자기에 진사라는 광물을 이용한 붉은색 무늬가 있었기에 '진사'를 붙이고, 부처의 자비를 상징하는 연꽃무늬로 전체를 꾸몄기에 '연화문'을 붙였어요. 그리고 조롱박처럼 가운데가 잘록한 형태라 '표형', 술을 따를 때 사용하는 주전자이기에 '주자'이지요. 이것을 모두 이으면 '청자진사연화문표형주자'가 된답니다.

청자진사연화문표형주자

동국이상국집
동국이상국집은 제목 그대로 '고려(東國)의 재상 이규보(李相國)의 문집(集)'이라는 뜻이에요. 그런데 문학 작품뿐 아니라 '대장각판군신기고문'을 통해 팔만대장경 판각 과정, '신인상정예 문발미'를 통해 금속 활자의 사용에 대해 알 수 있어 매우 중요한 책이에요.

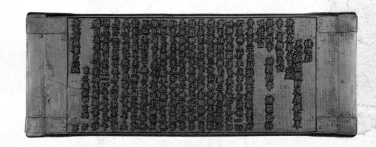

팔만대장경
부처의 힘으로 몽골의 침입을 막기 위해 만들었어요. 1236년부터 1251년까지 16년에 걸쳐 완성했는데 경판의 수가 8만 1258판에 이르기 때문에 팔만대장경이라고 하지요. 국보 제32호로 지정되어 있답니다.

서구 열강에 힘껏 맞서요

조선 · 근대 전시실에서는 조선 시대 말 서양 세력의 잦은 침략에도 굴하지 않은 강화도 사람들의 자주정신을 볼 수 있어요. 강화도는 조선의 수도인 한양으로 통하는 관문이자 수도를 방어하는 기지의 역할을 맡아 왔어요. 신식 무기로 무장한 서구 열강이 통상을 요구하며 빈번하게 강화도에 접근했는데 병인양요, 신미양요, 강화도조약 등 역사적 사건들이 모두 이 시기에 일어났어요. 병인양요는 천주교 박해를 구실 삼아 프랑스가 침범한 사건이고, 신미양요는 대동강에서 불탄 제너럴셔먼호를 빌미로 미국이 침범한 사건이지요. 또 강화도조약은 일본 군함 운요호의 강화도 앞바다 불법 침투와 관계있어요.

병인양요 때 프랑스군은 외규장각에서 의궤를 가져갔고 신미양요 때는 미군 함신에서 쏘아대는 대포의 위력이 조선의 화포와는 상대가

조선 – 근대 연표

1866 병인양요 발발
1871 신미양요 발발
1875 일본 군함 운요호 강화에 침입
1876 강화 연무당에서 강화도 조약
　　　(조일수호조규) 체결
1907 일본군이 강화 진위대를 해산
1919 강화에서 3·1 운동 만세 시위
1945 광복

전시실에서 만나는 유물

수자기
신미양요 때 광성보를 지키던 어재연 장군의 대장기에요. 미국은 막강한 군사력으로 광성보를 함락시키고 어재연 장군의 수자기를 전리품으로 가지고 갔어요. 미국 아나폴리스 해군 사관 항교 박물관에 소장되어 있던 수자기는 136년 만인 2007년, 우리나라로 돌아와 현재 국립 고궁 박물관에 있고, 강화역사박물관에는 복제품이 걸려 있답니다.

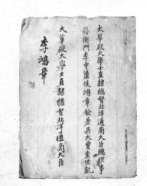

조미수호통상조약초안
조미수호통상조약은 1882년 조선과 미국 간에 체결된 국교와 통상을 목적으로 한 조약이지요. 이것은 이홍장이 조미 수호 조약 체결을 위해 작성한 초안이에요. 조약 체결로 조선 주재 미국 초대 공사 푸트가 입국했고, 조선 정부에서는 민영익을 수반으로 한 보빙사 일행을 미국에 파견했어요. 이로써 조선은 구미 자본주의 국가에 직접적인 문호개방을 하게 되었고 양국의 역사적 교류가 시작되었죠.

되지 않을 정도로 대단했어요. 또 강화도조약은 일본이 일방적으로 맺어버린 불평등 조약이지요.

하지만 신미양요 때의 미국 측 기록을 보면 "조선군은 근대적인 총 한 자루를 갖지 못한 채 낡은 무기를 가지고 용감히 싸웠다. 아마도 우리는 가족과 국가를 위하여 그토록 처절히 싸우다가 죽은 국민은 다시 볼 수 없을 것이다."라고 쓰여 있어요. 어재연 장군을 비롯한 350여 명의 조선군이 모두 전사하는 치열하고 끈질긴 저항에 미군은 결국 물러나게 되었지요. 전시실에는 이렇듯 외세의 침략과 그 과정, 항전의 기록 등이 전시되어 있어요.

여기서
잠깐! 강화역사의 중요한 순간! 기억해요.

광성보 전투 : 1층의 전시물 중 가장 눈에 띄는 디오라마는 광성 보 전투 재현이에요. 초지진과 덕진진에 이어 광성보가 초토화되 고 어재연 장군을 비롯한 수많은 조선군이 전사했어요.

광성보 전투

정족산성 전투 : 병인양요 때 프랑스군이 쳐들어오자 양헌수 장 군이 프랑스군을 맞아 정족산성에서 싸우는 장면을 재현한 디오 라마예요. 신식 레밍턴 소총을 든 프랑스군을 상대로 조선군은 칼과 창과 활로 용감히 싸우고 있어요. 이때 프랑스는 외규장각 에 있던 조선왕조 의궤와 중요한 고서를 약탈해 갔어요.

정족산성 전투

불랑기포
중국 명나라 시대에 도입한 서양식 화포예요. 마카오의 포르투갈인들에 의해 전 해진 후 일본과 조선에서도 사용되었지요. 조선에서는 당시 귀화한 박연(벨테브 레이)이 서양식 포술을 지도했고, 신미양요 때는 조선군의 주력 화포로 활용되었 어요.

조선왕조실록함
고려 시대와 조선 시대에는 왕조실록 등 국가의 중요한 서적을 사고에 보관했어 요. 강화사고는 강화부에 있었는데 1606년 마니산으로 1660년에는 정족산으로 옮겨졌어요. 사진은 조선 시대 왕조실록을 담는 상자예요.

모든 물건이 예술품이랍니다

　1층 전시관의 마지막 코스는 삶과 민속품 전시 코너예요. 이곳에서 강화도 사람들이 어떠한 물건을 사용하며 어떻게 살았는지를 알 수 있어요. 강화도 사람들의 민속품이 전시되어 있는데 사람들이 생활할 때 필요해서 사용하는 용품들을 민속품이라고 해요. 민속품은 자신의 생활방식에 맞게 만들면서 계승됐는데, 민속품을 보면 그 당시의 생활 풍습과 취향이 보여요. 또 신분과 지방에 따라 각자 특성이 있는데 때로는 실용적인 조형 예술품이라고 할 정도로 예술적 가치가 높은 것들이 있답니다. 우리 조상들의 민속품을 보면 재료의 질감을 살리면서도 자연스럽게 만드는 것이 특징이에요. 그러면서도 정교한 솜씨가 엿보이죠. 상류층 민속품은 비싼 재료에 화려한 문양이고 서민들은 실용성에 초점을 맞춘 경우가 많아요. 민속품을 보면서 강화도에 살던 사람들의 모습을 머릿속으로 그려 볼까요?

전시실에서 만나는 유물

떡살
떡 표면에 도장처럼 눌러 떡의 모양과 무늬를 찍어 내는데 쓰는 도구예요. 설날, 추석 그리고 잔칫날에 떡을 예쁘게 만들어 나누어 먹었답니다.

목안
혼례 때 신랑이 신부의 집에 가서 처음 행하는 의례인 전안례 때 사용했어요. 원래는 살아있는 기러기를 썼으나 불편해서 나무로 만든 기러기로 대신했대요.

강화반닫이
상류 주택의 안방 윗목에 놓아두던 반닫이예요. 궤짝의 윗부분을 반씩 여닫을 수 있다 해서 반닫이라는 이름이 붙었어요. 옷과 책, 제기들을 보관했지요. 지역에 따라 모양과 형태가 다른데 세로로 긴 띠 쇠를 붙이고 화려한 금속 장식을 한 강화반닫이는 왕실용으로 튼튼하면서도 예술적 가치가 높아요.

놓칠 수 없는 전시실

영상실
강화역사박물관 1층 끝에는 동그란 돔 모양의 영상실이 있어요. 이곳에서는 부근리 고인돌과 초지진 소나무가 강화의 역사를 이야기해주는 동영상이 상영돼요. 6분 40초 정도의 동영상을 보면 강화도를 이해하는 데 많은 도움이 되니 놓치지 마세요.

전통 한옥실
실제 크기의 조선 시대 한옥으로 안방과 사랑방 누마루의 구조로 이루어져 있어요. 안 방은 안주인의 거처로 의류를 보관하는 장과 농, 반닫이 등이 있고, 사랑방은 주인이 거처하는 방으로 주로 글을 읽거나 손님을 접대하는 공간이에요. 누마루는 사랑방에 이어서 있는데 집주인이 글을 읽거나 손님과 차를 마시며 대화를 나누는 장소랍니다.

강화도 완초공예와 꽃삼합
강화도는 화문석이 유명해요. 염색한 왕골(완초)을 이용해 바닥에 까는 자리를 만들어요. 염색한 왕골로 음식을 담아두거나 바느질 광주리로 사용하는 용기도 만드는데 이것이 꽃 삼합이에요. 세 개의 단합을 크기별로 차등을 두어 한 세트로 만들어요. 완자나 꽃, 태극, 봉황무늬를 넣어서 만들죠. 세 개가 기본이나 요즘은 한 개나 두 개를 만들고 동그란 모양, 달걀 모양, 네모로 각진 모양도 만들어요. 예쁜 강화도의 꽃삼합을 구경해 볼까요?

강화도 기행을 마치며

어린이 여러분, 강화도 여행은 잘 마쳤나요?

강화도가 역사적으로 얼마나 소중하고 흥미로운 장소인지 이젠 알았지요?

그러면 우리나라의 다른 도시와 비교해서 강화도의 역사적 의미를 잠깐 생각해 보기로 해요. 경주는 신라의 수도이자 찬란한 신라 문명을 꽃피운 곳이에요. 마찬가지로 부여는 백제 문화를, 또 서울은 조선의 역사가 고스란히 담겨진 곳이죠.

그럼 강화도는요? 강화도는 어느 시대의 문화를 꽃피운 곳일까요? 어느 한 시대라고 얼른 대답하기가 힘들지요? 맞아요. 강화도에는 선사 시대의 유물인 고인돌이 우리나라에서 가장 많이 발견되는 지역이고, 또 우리 역사의 시작인 단군왕검이 하늘에 제사를 올린 참성단도 있어요. 고구려 대막리지 연개소문이 강화도 고려산을 오르내리며 대륙을 정벌하는 꿈을 꾸었고요, 고려는 몽골의 침입에 맞서 끝까지 항전하고자 강화로 천도하여 39년 동안 맞서 싸웠지요. 그리고 조선은 너무도 많은 역사의 기록을 강화에 남겼습니다. 서구 열강이 몰려들던 시기에는 프랑스, 미국, 일본과 맞서 치열한 전쟁을 벌이기도 했어요. 포탄 맞은 흔적이 뚜렷한 초지진의 소나무를 보았지요?

물론 강화도에 전쟁의 역사만 있지는 않아요. 중국의 사신들은 배를 타고 강화도를 거쳐 서울로 들어왔고, 여러

종교와 문물들이 강화도를 거쳐 우리나라로 들어왔어요.
그 외에도 강화도는 많은 왕족이나 죄인들의 유배
장소이기도 했어요. 여러분이 잘 아는 철종도 강화에서
나무꾼으로 살다가 임금이 되어 가난하고 어려운 사람을
많이 보살폈지요.

어때요? 너무 많고 복잡하죠. 그건 강화도가 그만큼
많은 역사적 사건을 치렀고 또 그 역사의 중심에 있었다는
것을 말해 줘요.

우리 역사의 시작부터 끝까지를 모두 볼 수 있는 강화도는 먹을 것, 볼 것, 알
것 많은 정말 흥미진진한 곳이에요. 세계적인 보호종인 저어새가 한가로이
노닐고, 우리나라 최대의 갯벌이 펼쳐지고 있는 곳 또한 강화도랍니다.

멋진
여행이었어요.

강화도, 이런 곳도 있어요

강화자연사박물관   지구의 탄생과 자연을 담았어요!

관람 시간 오전 9시부터 오후 6시
문의 032-934-4296

용두레마을

팜스테이의 즐거운 체험을 해요!

용두레는 논에 물을 퍼 올리는 재래식 기구예요. 지름 40센티미터, 길이 80센티미터의 통나무를 길게 켜서 속을 파내어 삼발이대에 매달아 놓고 물을 퍼요. 강화군 내가면 황청1리는 이 용두레질 놀이 등 강화 전통 풍물 놀이와 전통 가락이 전해오는 마을로 농촌 체험이 가능한 곳이에요. 문화 학습 체험과 생태 체험도 할 수 있어요.

문의 032-933-5711

강화 문학관   역사의 유적, 정신을 엿볼 수 있어요!

관람 시간 오전 9시부터 오후 6시
문의 032-933-0605

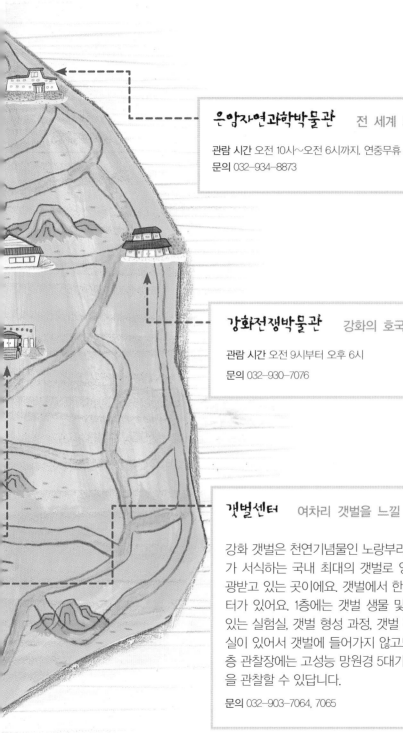

은암자연과학박물관   전 세계 희귀 생물이 모두 모였어요!

관람 시간 오전 10시~오전 6시까지. 연중무휴

문의 032-934-8873

강화전쟁박물관   강화의 호국 정신과 역사가 살아 있어요!

관람 시간 오전 9시부터 오후 6시

문의 032-930-7076

갯벌센터   여차리 갯벌을 느낄 수 있어요!

강화 갯벌은 천연기념물인 노랑부리백로, 저어새 등 세계적 희귀새가 서식하는 국내 최대의 갯벌로 영양이 풍부해 생태관광지로 각광받고 있는 곳이에요. 갯벌에서 한 50여 미터 떨어진 곳에 갯벌센터가 있어요. 1층에는 갯벌 생물 및 여러 가지 과학 실험을 할 수 있는 실험실, 갯벌 형성 과정, 갯벌 전시관, 갯벌 관련 도서, 인터넷실이 있어서 갯벌에 들어가지 않고도 갯벌 체험을 할 수 있어요. 2층 관찰장에는 고성능 망원경 5대가 준비되어 있어 먼 거리의 새들을 관찰할 수 있답니다.

문의 032-903-7064, 7065

나는 강화도 척척 박사!

강화도를 잘 둘러보았나요? 강화도에서 본 것과 책에서 읽은 내용을 바탕으로 머리에 쏙쏙 들어오는 퀴즈를 풀어 보세요.

1 알맞게 연결해 보세요.

고인돌　　　　　•　　　•　　　　　•　　　　　•　선사 시대

성공회
강화 성당　　　•　　　•　　　　　•　　　　　•　조선 시대

강화산성 북문　•　　　•　　　　　•　　　　　•　고려 시대

삼랑성 동문　　•　　　•　　　　　•　　　　　•　선사 시대

참성단　　　　•　　　•　　　　　•　　　　　•　삼국 시대

오련지　　　　•　　　•　　　　　•　　　　　•　조선 시대

연무당 옛터　　•　　　•　　　　　•　　　　　•　선사 시대

외규장각　　　•　　　•　　　　　•　　　　　•　조선 시대

삼별초군 호국
항몽 유허비　　•　　　•　　　　　•　　　　　•　고려 시대

106

② 도전! 골든벨 OX 퀴즈

다음 내용을 읽고, 맞으면 ○, 틀리면 ×표 하세요.

1. 고인돌은 청동기 시대 부족장의 무덤이에요. (　)
2. 다섯 개의 연꽃잎이 떨어진 곳에 다섯 개의 사찰을 지은 것이 오련사예요. (　)
3. 강화에서 나무꾼으로 지내다가 임금이 된 사람은 세종이에요. (　)
4. 마니산은 예전에 섬이었어요. (　)
5. 고려 때 몽골을 피해서 강화도로 이사 와 지은 건물은 삼랑성이에요. (　)
6. 팔만대장경은 금속을 녹여 활자를 만들어 찍는 금속 활자판이에요. (　)
7. 조선 시대 강화 유수가 머물면서 정사를 보던 곳은 외규장각이에요. (　)
8. 병자호란 때 화약 더미에 불을 붙여 자결한 김상용 선생은 인조 임금 때의 사람이에요. (　)

③ 강화 지도 위에 표시해 보세요.

지도에 표시된 지명 중 몽골과 관계 있는 곳은 동그라미, 프랑스와 관계 있는 곳은 세모, 미국과 관계 있는 곳은 네모, 그리고 일본과 관계 있는 곳은 별표를 그리세요.

☞ 정답은 112쪽에

나는 강화도 척척 박사!

④ 알맞은 것끼리 연결해 보세요.

금표
쓰레기를 버리면 곧장 80대를 맞는다는 내용이 적힌 비석이에요.

전등사 범종
음통이 없고 용두(용의 머리처럼 생긴 물건)는 두 마리의 용인 쌍룡이랍니다.

수자기
1871년 신미양요 때 미군의 육전대가 가져간 어재연 장군의 기입니다. 그 동안 미국 아나폴리스 해군사관학교의 박물관에 보존되어 있었는데, 2007년 10월 우리나라에 반환되었어요.

직지심체요절
1377년에 인쇄된 《백운화상초록불직지심체요절》이에요. 지금까지 전해 내려오는 것 가운데 세계에서 가장 오래된 금속 활자본이지요.

호패
조선 시대 16세 이상의 남자들이 차고 다니던 신분증이랍니다.

청자사연화문표형주자
강화에 있는 고려 시대 최항의 묘에서 나온 고려 청자예요. 주전자의 대표적인 유물이에요.

탱자나무
가을이면 향긋하고 노란 열매를 맺고 가시가 나 있어요. 그래서 갑곶 돈대로 적군이 기어 오르지 못하게 하는 역할을 했어요.

갑곶돈대
한강으로 드나드는 길목인 갑곶돈대는 강화해협을 지키는 중요한 요새랍니다.

⑤ 십자말 풀이를 해 보세요.

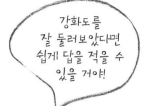

강화도를 잘 둘러보았다면 쉽게 답을 적을 수 있을 거야!

〈가로 열쇠〉

1. 고려 시대에 몽골이 침입했을 때 강화도, 진도, 제주도로 이동하며 저항했던 특수 부대예요.
2. 고종 임금 때. 선교사들을 죽였다고 프랑스 군대가 갑곶나루로 쳐들어온 사건이에요.
3. 단군이 제단을 쌓고 하늘에 제사를 지내던 곳이에요. 마니산 정상에 있지요.
4. 강화도 마니산 동쪽에 있는 절이에요. 신라 선덕여왕 때 회정대사가 창건했어요.
5. 몸 안의 병. 마음의 병을 치유해 주고 집안에 든 재난을 물리쳐 준다는 부처의 이름이에요.
6. 전등사 대웅보전 처마 네 귀퉁이에 도편수가 조각해 놓은 벌거벗은 여인상이에요.
7. 강화산성에 있는 네 개의 문 가운데 북문의 이름이에요.
8. '하늘은 둥글고 땅은 네모나다.'는 생각을 사자성어로 이르는 말이에요.

〈세로 열쇠〉

1. 단군의 세 아들이 쌓았다는 성이에요.
7. 고구려 소수림왕 때 세워진 사찰의 이름으로 지금은 전등사로 불리고 있지요.
9. 김포와 강화 사이의 해협에 있던 나루입니다. 위쪽으로 갑곶돈대가 있지요.
10. 나라와 나라 사이에 서로의 권리와 의무를 합의하여 법적 구속을 받도록 규정하는 행위 또는 문서를 말합니다. 강화도 00 등이 있어요.
11. 병인양요 때 정족산성에서 프랑스군을 물리친 장군의 이름이에요.
12. 최우가 세운 고려 시대 최대의 절이에요. 이곳에서 팔만대장경이 만들어졌다고 추측되지요.
13. 고려궁지에 남아 있는 조선 시대 때의 두 건물 가운데 하나로 명위헌 옆 서쪽에 자리한 관아의 건물이에요.

☞ 정답은 112쪽에

역사연표 만들기

1 틀 만들기
가로로 할까요? 세로로 할까요?
연표의 틀을 정해요.

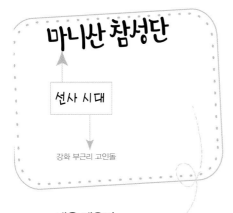

마니산 참성단

선사 시대

강화 부근리 고인돌

2 시대 표시
연도를 표시해요. 정확한 연도를 표시
해도 좋지만, 구분이 명확하지 않다면
시대로 표시해도 좋아요. 이때 연표에서는 가
로의 틀은 왼쪽이 오래 된 연대로, 세로의 틀
은 위쪽이 오래 된 연대로 해요.

3 내용 채우기
역사 연표라면 큰 사건을 중심으로 기록하
고, 문화유산을 소개하는 것이라면 사진과
이름을 쓰도록 해요. 시대는 정확히 구분해서 넣도
록 해요.

4 제목 넣기
주제에 맞는 제목으로
정해요. 한눈에 연표
의 내용을 알 수 있는 제목이
어야 해요.

강화도 답사를 잘 마쳤나요? 서둘러 돌아보느라고, 어디가 어딘지 기억을 못하는 것은 아니겠지요? 그렇다면 강화도 유적지를 연표로 만들어 보아요. 연표를 만들면서 견학했던 유적지를 다시 한 번 떠올려 보고, 어느 시대와 관련된 유적지인지 정리해 보아요. 한눈에 강화도의 역사와 견학 내용을 알 수 있을 거예요.

5 사진 넣기

사진은 되도록 견학을 갔을 때 직접 찍는 게 좋아요. 만약 촬영을 하지 못했다면 인터넷에서 구해 보세요.

6 완성

이 역사 연표는 강화도의 유적지를 중심으로 잘 정리했어요. 단, 유적지와 더불어 역사적 사건을 간단하게 기록한다면 더욱 좋겠지요.

정답

67쪽 연산군 ● ● 인조반정

광해군 ● ● 중종반정

안평 대군 ● ● 세조즉위

여기서 잠깐!

11쪽 남방식

13쪽 1 · 4→2→3→5

15쪽 3번

31쪽 1번

32쪽 1번(중국)

2번(우리나라)

3번(중국)

4번(우리나라)

38쪽 3번

45쪽 2번 가운데 길

52쪽 1번

55쪽 1번 400킬로그램,

2번 15만

73쪽 1. 고조할아버지(고조부)

2. 증조할아버지(증조부)

3. 손자

4. 조카

82쪽 4번

추가설명. 강화도를 돌다보면 초지진에도 홍이포가 있고 역사관에도 홍이포가 있습니다. 둘 다 비각안에 전시되어 있는 진품입니다. 병자호란 때에 우리나라에 들어와 병인양요, 신미양요를 비롯한 전쟁의 조선군 주력무기였지요. 홍이포는 16세기 중국 명나라를 통해서 전래된 중화기인데, 길이는 150~200센티미터, 무게 250~350킬로그램으로 포구에서 화약과 포탄을 장전한 다음 포 뒤쪽 구멍에 점화하여 사격하는 포구상전식 화포입니다. 사정거리는 700미터 정도이지만 그리 위력이 있지는 않았습니다.

85쪽 1번

87쪽 5번

역사 공부 제대로 했구나!

나는 강화도 척척 박사!

① 알맞게 연결해 보세요.

고인돌 · · · 선사 시대

성공회 강화 성당 · · · 조선 시대

강화산성 북문 · · · 고려 시대

삼랑성 동문 · · · 선사 시대

참성단 · · · 삼국 시대

오련지 · · · 조선 시대

연무당 옛터 · · · 선사 시대

외규장각 · · · 조선 시대

삼별초군 호국항몽 유적비 · · · 고려 시대

② 도전! 골든벨 Ox 퀴즈

1. ○ 2. ○ 3. × 4. ○
5. × 6. × 7. × 8. ○

③ 강화 지도 위에 표시해 보세요.

고려궁지
연무당 옛터
광성보
정족산

㉮ 고려궁지 몽골의 침략으로 고려왕과 정부가 피신해 온 곳
㉯ 정족산 프랑스군이 쳐들어왔을 때 양헌수 장군이 용감히 싸워 무찔렀던 곳입니다.
㉰ 광성보 신미양요 때 미군과 치열한 전투가 있었던 곳이지요. 이곳에서 어재연 장군이 전사했습니다.
㉱ 연무당 옛터 일본과 치욕적인 조약을 맺은 곳이지요. 일본은 대포를 앞세우고 병자수호조약을 강제로 조인시켰습니다.

④ 알맞은 것끼리 연결해 보세요.

· 금표
· 전등사 범종
· 수(帥)자기
· 직지심체요절
· 호패
· 청자사연화 문표형주자
· 탱자나무
· 갑곶 돈대

⑤ 십자말 풀이를 해 보세요.

	1 삼	별	초	2 병	인	11 양	요
	랑					헌	
3 참	성	단		4 정	수	사	
		9 갑		10 조			
		곳		5 약	사	어	래
		6 니	녀	상			
7 진	송	루		12 선		13 이	
종			8 천	원	지	방	
사				사		청	

113

초등학교 교과서와 관련된 학년별 현장 체험학습 추천 장소

1학년 1학기 (21곳)	1학년 2학기 (18곳)	2학년 1학기 (21곳)	2학년 2학기 (25곳)	3학년 1학기 (31곳)	3학년 2학기 (37곳)
철도박물관	농촌 체험	소방서와 경찰서	소방서와 경찰서	경희대자연사박물관	IT월드(과천정보나라)
소방서와 경찰서	광릉	서울대공원 동물원	서울대공원 동물원	광릉수목원	강원도
시민안전체험관	홍릉 산림과학관	농촌 체험	강릉단오제	국립민속박물관	경희대자연사박물관
천마산	소방서와 경찰서	천마산	천마산	국립서울과학관	광릉수목원
서울대공원 동물원	월드컵공원	남산골 한옥마을	월드컵공원	국립중앙박물관	국립경주박물관
농촌 체험	시민안전체험관	한국민속촌	남산골 한옥마을	기상청	국립고궁박물관
코엑스 아쿠아리움	서울대공원 동물원	국립서울과학관	한국민속촌	서대문자연사박물관	국립국악박물관
선유도공원	우포늪	서울숲	농촌 체험	선유도공원	국립부여박물관
양재천	철새	갯벌	서울숲	시장 체험	국립서울과학관
한강	코엑스 아쿠아리움	양재천	양재천	신문박물관	남산
에버랜드	짚풀생활사박물관	동굴	선유도공원	경상북도	남산골 한옥마을
서울숲	국악박물관	고성 공룡박물관	불국사와 석굴암	양재천	롯데월드 민속박물관
갯벌	천문대	코엑스 아쿠아리움	국립중앙박물관	경기도	국립민속박물관
고성 공룡박물관	자연생태박물관	옹기민속박물관	국립민속박물관	이화여대자연사박물관	삼성어린이박물관
서대문자연사박물관	세종문화회관	기상청	전쟁기념관	전쟁기념관	서대문자연사박물관
옹기민속박물관	예술의 전당	시장 체험	판소리	천마산	선유도공원
어린이 교통공원	어린이대공원	에버랜드	DMZ	한강	소방서와 경찰서
어린이 도서관	서울놀이마당	경복궁	시장 체험	화폐금융박물관	시민안전체험관
서울대공원		강릉단오제	광릉	호림박물관	경상북도
남산자연공원		몽촌역사관	홍릉 산림과학관	홍릉 산림과학관	월드컵공원
삼성어린이박물관		국립현대미술관	국립현충원	우포늪	육군사관학교
			국립4·19묘지	소나무 극장	해군사관학교
			지구촌민속박물관	예지원	공군사관학교
			우정박물관	자운서원	철도박물관
			한국통신박물관	서울타워	이화여대자연사박물관
				국립중앙과학관	제주도
				엑스포과학공원	천마산
				올림픽공원	천문대
				전라남도	태백석탄박물관
				경상남도	판소리박물관
				허준박물관	한국민속촌
					임진각
					오두산 통일전망대
					한국천문연구원
					종이미술박물관
					짚풀생활사박물관
					토탈야외미술관

4학년 1학기 (34곳)	4학년 2학기 (56곳)	5학년 1학기 (35곳)	5학년 2학기 (51곳)	6학년 1학기 (36곳)	6학년 2학기 (39곳)
강화도	IT월드(과천정보나라)	갯벌	IT월드(과천정보나라)	경기도박물관	IT월드(과천정보나라)
갯벌	강화도	광릉수목원	강원도	경복궁	KBS 방송국
경희대자연사박물관	경기도박물관	국립민속박물관	경기도박물관	덕수궁과 정동	경기도박물관
광릉수목원	경복궁 / 경상북도	국립중앙박물관	경복궁	경상북도	경복궁
국립서울과학관	경주역사유적지구	기상청	경상북도	고성 공룡박물관	경희대자연사박물관
기상청	경희대자연사박물관	남산골 한옥마을	경희대자연사박물관	국립민속박물관	광릉수목원
농촌 체험	고창·화순·강화 고인돌유적	농업박물관	고인쇄박물관	국립서울과학관	국립민속박물관
서대문자연사박물관	전라북도	농촌 체험	충청도	국립중앙박물관	국립중앙박물관
서대문형무소역사관	고성 공룡박물관	서울국립과학관	광릉수목원	농업박물관	국회의사당
서울역사박물관	충청도	서울대공원 동물원	국립공주박물관	롯데월드 민속박물관	기상청
소방서와 경찰서	국립경주박물관	서울숲	국립경주박물관	몽촌토성과 풍납토성	남산
수원화성	국립민속박물관	서울시청	국립고궁박물관	민주화현장	남산골 한옥마을
시장 체험	국립부여박물관	서울역사박물관	국립민속박물관	백범기념관	대법원
경상북도	국립서울과학관	시민안전체험관	국립서울과학관	서대문자연사박물관	대학로
양재천	국립중앙박물관	경상북도	국립중앙박물관	서대문형무소 역사관	민주화 현장
옹기민속박물관	국립국악박물관 / 남산	양재천	남산골 한옥마을	서울역사박물관	백범기념관
월드컵공원	남산골 한옥마을	강원도	농업박물관	조선의 왕릉	아인스월드
철도박물관	농업박물관 / 대법원	월드컵공원	롯데월드 민속박물관	성균관	서대문자연사박물관
이화여대자연사박물관	대학로	유명산	충청도	시민안전체험관	국립서울과학관
천마산	롯데월드 민속박물관	제주도	서대문자연사박물관	경상북도	서울숲
천문대	몽촌토성과 풍납토성	짚풀생활사박물관	성균관	암사동 선사주거지	신문박물관
철새	불국사와 석굴암	천마산	세종대왕기념관	운현궁과 인사동	양재천
홍릉 산림과학관	서대문자연사박물관	한강	수원화성	전쟁기념관	월드컵공원
화폐금융박물관	서울대공원 동물원	한국민속촌	시민안전체험관	천문대	육군사관학교
선유도공원	서울숲	호림박물관	시장 체험 / 신문박물관	철새	이화여대자연사박물관
독립공원	서울역사박물관	홍릉 산림과학관	경기도	청계천	중남미박물관
탑골공원	조선의 왕릉	하회마을	강원도	짚풀생활사박물관	짚풀생활사박물관
신문박물관	세종대왕기념관	대법원	경상북도	태백석탄박물관	창덕궁
서울시의회	수원화성	김치박물관	옹기민속박물관	해인사 고려대장경과 장경판전	천문대
선거관리위원회	승정원일기 / 양재천	난지하수처리사업소	운현궁과 인사동	호림박물관	우포늪
소양댐	옹기민속박물관	농촌, 어촌, 산촌 마을	육군사관학교	유니세프 한국위원회	판소리박물관
서남하수처리사업소	월드컵공원	들꽃수목원	이화여대자연사박물관	무령왕릉	한강
중랑구재활용센터	육군사관학교	정보나라	전라북도	현충사	홍릉 산림과학관
중랑하수처리사업소	철도박물관	드림랜드	전쟁박물관	덕포진교육박물관	화폐금융박물관
	이화여대자연사박물관	국립극장	창경궁 / 천마산	서울대학교 의학박물관	훈민정음
	조선왕조실록 / 종묘		천문대	상수허브랜드	상수도연구소
	종묘제례		태백석탄박물관		한국자원공사
	창경궁 / 창덕궁		한강		동대문소방서
	천문대 / 청계천		한국민속촌		중앙119구조대
	태백석탄박물관		해인사 고려대장경과 장경판전		
	판소리 / 한강		화폐금융박물관		
	한국민속촌		중남미문화원		
	해인사 고려대장경과 장경판전		첨성대		
	호림박물관		절두산순교성지		
	화폐금융박물관		천도교 중앙대교당		
	훈민정음		한국에너지기술연구원		
	온양민속박물관		한국자수박물관		
	아인스월드		초전섬유퀼트박물관